Dorothee Döring

Eltern am Limit

Dorothee Döring

Eltern am Limit

Herausforderungen und Stress erfolgreich meistern

Wegen stilistischer Klarheit und leichterer Lesbarkeit wurde im Text auf die sprachliche Verwendung weiblicher Formen verzichtet. Ausdrücklich sei hier festgehalten, dass die Verwendung der männlichen Form inhaltlich für alle Geschlechter gilt und keinesfalls einen sexistischen Sprachgebrauch darstellt.

Bibliografische Information der Deutschen Nationalbibliothek
Die Deutsche Nationalbibliothek verzeichnet diese Publikation in der Deutschen Nationalbibliografie; detaillierte bibliografische Daten sind im Internet über http://dnb.d-nb.de abrufbar.

Umschlaggestaltung, Typographie und Satz: Florian Spielauer, Wien
Umschlagbild, S. 2–3, 9, 10–11, 12, 18, 28, 38, 46, 55, 64, 70, 85, 99, 104–105, 119, 133, 146, 155: © lemono, iStock
Lektorat: Mag. Katharina Schindl, Wien
Druck: Finidr, Tschechien
ISBN 978-3-99002-165-1 (Print)
ISBN 978-3-99111-856-5 (E-Pub)

Mit der Erscheinung dieses Buches haben wir **zusammen mit der Druckerei FINIDR** einen neuen Baum gepflanzt.

MIX
Papier aus verantwortungsvollen Quellen
FSC® C014138

Inhalt

Teil 2: **Konflikte erfolgreich meistern** 105

Einführung

Dieser Ratgeber richtet sich an Eltern, die sich durch die Vielfalt der Anforderungen, die an sie gestellt werden, überfordert fühlen. Um diesen vielen Herausforderungen gewachsen zu sein, ist es erforderlich, die Gründe für diese Mehrfachbelastungen zu erkennen.

In **Teil 1** erfolgt eine Analyse der zahlreichen Ursachen für dieses Problem, angefangen von der Illusion der Vereinbarkeit von Elternschaft und Beruf über die Schwierigkeiten Alleinerziehender bis hin zu den Herausforderungen, die von hochbegabten, schulisch schwachen oder verhaltensauffälligen Kindern ausgehen.

In **Teil 2** dieses Ratgebers wird gezeigt, wie Familienglück trotz hoher Anforderungen und Stress möglich sein kann. Letztlich geht es darum, sich geistig-seelisch mit sich und der Realität auseinanderzusetzen.

Elternsein ist eine anspruchsvolle Lebensaufgabe, die oft an die Substanz geht, zu Überforderung führt und Stress auslösen kann. Damit sie Eltern nicht an ihr Limit bringt, sollten diese akute Belastungen nicht ignorieren, sondern rechtzeitig Unterstützung in Anspruch nehmen, wenn sie nicht mehr weiterwissen. Das Eingeständnis, am Limit zu sein und Unterstützung zu benötigen, ist keine Schande und bedeutet nicht, versagt zu haben, vielmehr zeugt es von Selbstfürsorge und Verantwortungsbewusstsein.

Dieser Ratgeber beinhaltet darüber hinaus hilfreiche Adressen von Eltern- und Familienberatungsstellen, wo Betroffene Unterstützung finden können. Für eine niedrigschwellige anonyme Beratung steht in verschiedenen Regionen sogar rund um die Uhr ein Elternnotruf zur Verfügung.

Teil 1

Konflikte und ihre Folgen

1 Bestandsaufnahme

Die überforderte Generation – Dauerspagat zwischen Familie und Beruf

Die meisten 30- bis 40-Jährigen sind heutzutage im Stress, insbesondere wenn sie Kinder haben. Sie erleben einen Zeitdruck, den weder ihre Eltern noch ihre Großeltern kannten. *„Sie müssen in fünf Jahren das leisten, was die Elterngeneration in zehn Jahren geleistet hat"*, sagt Hans Bertram, emeritierter Soziologieprofessor der Berliner Humboldt-Universität. Gemeinsam mit Carolin Deuflhard hat er alle Daten ausgewertet, die der Mikrozensus, also die größte statistische Erhebung, in Deutschland über ökonomischen Strukturwandel und familiäre Lebensformen gesammelt hat. Die beiden kamen zu dem Ergebnis: Von jungen Erwachsenen wird in Deutschland zu viel auf einmal verlangt.[1]

„Die überforderte Generation", das sind Bertram und Deuflhard zufolge etwa die Jahrgänge 1970 bis 1980. Sie sind in einer Zeit des Wohlstands groß geworden und erlebten ein enormes Angebot im Rahmen von Schule, Ausbildung und Studium. Die beiden Forscher kommen zu dem Schluss, dass sich Höchstleistungen im Beruf bei unsicheren Berufsperspektiven nur schwer mit der Fürsorge für Kinder verbinden lassen.

Tatsächlich haben viele Eltern in Deutschland mit der Vereinbarkeit von Beruf und Familie Schwierigkeiten. Mehr als zwei Drittel (68 Prozent) von ihnen gaben in einer repräsentativen Befragung des Meinungsforschungsinstituts Kantar Emnid an, damit Probleme zu haben. Nur 29 Prozent gaben an, beides gut hinzubekommen. Vor vier Jahren waren es noch 43 Prozent.[2]

Doch warum fällt es Eltern so schwer, die richtige Balance zu finden? Einer der Gründe ist laut der Studie, dass Frauen nach der Babypause immer früher – oft aus finanziellen Zwängen heraus – wieder in den Beruf zurückkehren. Sie wollen jedoch auch für ihr Kind da sein. Viele Väter hätten gerne mehr Zeit für die Familie, können es sich aber nicht leisten, ihre Arbeitszeit zu reduzieren. 86 Prozent der Befragten sind der Ansicht, dass sie sich dem Arbeitsmarkt anpassen müssten statt umgekehrt – trotz Homeoffice, Teilzeit und anderen flexiblen Arbeitsmodellen.[3]

Die heutige Elterngeneration müsse auch mit anderen Erwartungen fertig werden. Während Frauen früher als schlechte Mütter galten, wenn sie nach einer Geburt zeitnah wieder arbeiten gingen, ist heute oft das Gegenteil der Fall: 84 Prozent spüren die gesellschaftliche Erwartung, das Kind möglichst früh in eine Betreuungseinrichtung zu geben.[4]

Einfach zu lösen ist das Problem der Unvereinbarkeit von äußeren Erwartungshaltungen, eigenen Wünschen und realen Gegebenheiten nicht. Es macht einen deutlichen Unterschied, ob man im Haus der Eltern wohnt und Unterstützung aus der Familie erhält oder ob man in der Großstadt lebt, die Hälfte seines Einkommens für die Wohnung ausgeben und Unterstützung gegen Bezahlung organisieren muss. Vor allem hilft wohl ein bisschen mehr Gelassenheit bei der eigenen Beurteilung. Eltern, denen es gelingt, sich vom Druck zu befreien, alles perfekt machen zu müssen, befreien sich damit auch von Stress. Das Motto sollte sein: *„Gut genügt."* Ein bisschen weniger Selbstoptimierungszwang in Bezug auf Kindererziehung, Karriere und Wohnung nimmt schon etwas von der Last.

Unter dem Spagat zwischen Job und Familie leiden nicht nur Mütter, sondern auch Väter, die sich eine kooperative Elternschaft wünschen. Wohl jeder Vater will heute ein guter Vater sein, doch Anspruch und Realität klaffen oft weit auseinander. Väter fühlen sich oft zwischen Familie und Arbeitsplatz hin- und hergerissen. Sie fühlen sich dadurch sogar vom Alltag überfordert, wie eine neue wissenschaftliche Studie zeigt:

Noch vor 50 Jahren hatte ein Vater, der in der Öffentlichkeit einen Kinderwagen schob, Seltenheitswert. Der Vater gehörte in die Werkstatt oder ins Büro, die Mutter in die Küche und zu den Kindern. Seitdem hat sich viel verändert.

Während sich Frauen mehr emanzipierten und gut ausgebildet ihren Platz auf dem Arbeitsmarkt eroberten, forderten sie von den Vätern ihrer Kinder mehr Engagement in der Kindererziehung. Eine aktuelle Umfrage des Forsa-Instituts im Auftrag der Zeitschrift „Eltern", in deren Rahmen 1000 Väter und Stiefväter zwischen 20 und 55 Jahren befragt wurden, bringt nun Licht in die neue Rolle der Väter: Was hat sich verändert und was nicht?

Noch leben viele Männer nach dem geprägten Rollenmodell. Als Haupternährer fühlen sie sich dafür verantwortlich, genug Geld für die Familie zu verdienen. Fast 90 Prozent der Väter arbeiten Vollzeit, ergab die Studie, nur ein Drittel möchte die Arbeitszeit verkürzen.

Doch gleichzeitig wollen moderne Väter auch am Familienleben beteiligt sein: *„Ein guter Vater sollte so viel Zeit wie möglich mit seinen Kindern verbringen"* – für diese Antwort entschieden sich 81 Prozent der befragten Männer.[5]

Vollzeit arbeiten und viel Zeit mit den Kindern verbringen – das ist ein Spagat, der kaum zu schaffen ist. Wunsch und Wirklichkeit im Leben der meisten Väter klaffen also weit auseinander, und das hinterlässt meist ein schlechtes Gewissen.

Unterbrochene Nachtruhe, morgens das Baby füttern, dann schnell aus dem Haus. Abends erschöpft von der Arbeit kommen, dann der ebenfalls gestressten Mutter das Baby aus dem Arm nehmen, Windeln wechseln und mit dem Kinderwagen spazieren fahren. Vater zu sein bedeutet heute, beiden Lebenswelten gerecht werden zu müssen – ein Dilemma, das bei 54 Prozent der Väter das Gefühl auslöst, nicht ausreichend für die Kinder da zu sein. 17 Prozent der Väter fühlen sich sogar völlig überfordert, ergab die Studie. 43 Prozent hätten gerne mehr Zeit für die Familie und auch mehr Freiraum für sich selbst: 39 Prozent der Väter bemängelten, sie hätten zu wenig Zeit für eigene Interessen.[6]

Die Anforderungen an einen modernen Vater sind schwer zu erfüllen, oft überfordert ihn der Spagat zwischen Job und Familie. Dennoch lohnt es sich, Vater zu sein. Ihr Leben sei durch die Geburt ihres Kindes glücklicher und erfüllter geworden, gaben immerhin 58 Prozent der Väter im Rahmen der Forsa-Studie an. Es sei eine riesige Chance, Vater zu sein und die Verantwortung für ein Kind mitzutragen, meint der dänische Familientherapeut Jesper Juul. Väter erleben eine völlig andere Bereicherung als im Umgang mit ihren Kollegen im Job.

Berufstätige Eltern in Deutschland leiden vermehrt unter *chronischer Zeitknappheit*. Das ergab eine Umfrage unter 1000 Müttern und Vätern im Auftrag des AOK-Bundesverbandes. Danach beklagt knapp die Hälfte (47 Prozent), im Alltag durch mangelnde Zeit gestresst zu sein. Andere starke Belastungsfaktoren wie Geldknappheit oder psychische Anstrengungen rangieren laut der Studie mit jeweils 28 Prozent weit dahinter. Die Zahlen bestätigen frühere AOK-Familienstudien, die seit 2007 regelmäßig durchgeführt werden.[7]

Nach Ansicht des Gesundheitswissenschaftlers Klaus Hurrelmann von der Hertie School of Governance steht die heutige junge Generation von Eltern nicht nur vor neuartigen, sondern vermutlich auch vor größeren Anforderungen im Familienalltag als frühere Generationen. Trotz kooperativer (partnerschaftlicher) Elternschaft sei die Belastung der Frauen in Paarfamilien noch um einiges größer als die der Männer. Die Familienpolitik müsse sich daher flexibler auf die wandelnden Lebensläufe und die sich ändernden individuellen Muster der Lebensführung von Eltern einstellen, fordert Hurrelmann, denn der größte Teil von Müttern und Vätern ist heute erwerbstätig. Die Studie kommt auf einen Durchschnittswert von 50 Prozent Erwerbstätigen in Vollzeit und 36 Prozent in Teilzeit. Frauen bevorzugen nach wie vor die Erwerbstätigkeit in Teilzeit.[8]

Die Illusion der Vereinbarkeit von Familie und Beruf

Männer und Frauen im Alter zwischen Mitte 20 und Anfang 40 sehen sich vielfältigen gesellschaftlichen und selbst gesteckten Anforderungen gegenüber und sind so mittendrin in der „Rushhour des Lebens“: Etablierung im Job, Karriere, feste Partnerschaft, Familiengründung, fester Wohnsitz, Verantwortung für älter werdende Eltern.

Beim Versuch, Familie und Beruf miteinander zu vereinbaren, entstehen Zeitnot und Überforderung, denn heute fällt die Zeit der Familiengründung mit der beruflichen Profilierung beider Elternteile zusammen. Kinder, Partnerschaft, Familie und Beruf sind daher eher ein logistisches Problem als ein Glücksversprechen! Am Arbeitsplatz muss man so funktionieren, als hätte man keine familiären Aufgaben, und wenn die Großeltern nicht mehr helfen können, sondern selbst hilfsbedürftig werden, bewegt sich die „Generation Sandwich" hart an der Grenze der eigenen Belastbarkeit.

Soziologen sprechen bei der „Rushhour des Lebens" vom Wahn der Gleichzeitigkeit, der zu Überforderung führt. Besonders schwierig ist die Vereinbarkeit von Familie und Beruf für alleinerziehende Mütter. Wenn sie keine Unterstützung aus ihrer Familie erhalten, sind sie zur Teilzeitbeschäftigung gezwungen und müssen ggf. mit staatlichen Mitteln aufstocken.

Katrin, 38:

Ich bin Grundschulrektorin und eigentlich sehr gut organisiert, komme aber oft an meine Grenzen: Ich bin alleinerziehend und habe einen Sohn mit ADHS und Förderstatus. Er geht zur Förderschule, wo ich ihn nachmittags um 16 Uhr abhole. Zu Hause habe ich mit ihm zu kämpfen, wenn es um seine Hausaufgaben oder spezielle Übungen geht. Für mich bleibt keine Zeit zum Regenerieren. Erst ein Zusammenbruch zeigte mir, dass ich der Mehrfachbelastung nicht mehr gewachsen war und etwas ändern musste. Ich reduzierte meine Stundenzahl, was auch bedeutete, dass ich meine Funktion als Rektorin aufgeben musste. Es bedeutete aber auch, dass ich mit einem reduzierten Einkommen zurechtkommen muss und später mit einer geringeren Pension.

Noch schwieriger wird die Vereinbarkeit von Familie und Beruf für alle, die im *Schichtdienst* arbeiten: Krankenschwestern, Altenpflegekräfte, Mitarbeiter(innen) von Airlines, Bus- und Zugpersonal, Hotelangestellte, Polizistinnen und Polizisten – insbesondere, wenn sie alleinerziehend sind, wie das folgende Beispiel zeigt:

Laura, 41:

> *Ich bin alleinerziehende Mutter und Einzelhandelskauffrau, aber die Arbeitszeiten im Einzelhandel machten es mir unmöglich, für die Betreuung meiner 7-jährigen Tochter zu sorgen, und eine private Betreuung konnte ich mir nicht leisten. Um Beruf und Familie zu vereinbaren, arbeite ich jetzt drei Tage pro Woche nachts in einem Hotel. An zwei Tagen übernachtet meine Tochter bei der Oma, einmal pro Woche schläft sie bei ihrer Patentante. Wenn es hart auf hart kommt, muss sie auch schon mal nachts allein zu Hause bleiben, mit dem Notfallhandy neben dem Bett und der Nachbarin, die Bescheid weiß. Ideal ist das alles nicht, aber so bleibt mir zumindest mehr Zeit, um mich um meine Tochter zu kümmern. Zeit für mich selbst habe ich bei diesem Arrangement nicht, denn ich manage nebenbei noch den Haushalt, d. h., ich koche, wasche und putze, und ich helfe bei den Hausaufgaben. Dabei bleibt wenig Raum für meine eigenen Bedürfnisse.*

Wer alleinerziehend ist, muss sich zwischen Nachwuchs, Beruf und Privatleben „aufteilen" und mit dem schlechten Gewissen zurechtkommen, zu wenig Zeit für sein Kind zu haben.

Aber auch der Wiedereinstieg in den Beruf nach der Elternzeit bereitet oft Probleme. Theoretisch gibt es in Deutschland einen Rechtsanspruch auf einen Betreuungsplatz, in der Praxis kann es aber schwierig werden, einen zu bekommen. In der Schweiz haben nur Kinder in den Kantonen Basel-Stadt und Genf einen Rechtsanspruch auf einen Betreuungsplatz. In Österreich wird derzeit intensiv über einen Rechtsanspruch auf Kinderbetreuung diskutiert. Besonders kompliziert wird es für Eltern, die im Schichtdienst arbeiten, denn die meisten Kitas (Kindertagesstätten) haben Öffnungszeiten zwischen 7 und 17 Uhr. Was passiert mit den Kindern, wenn die Frühschicht bereits um 6 Uhr beginnt oder die Spätschicht erst um 21 Uhr endet?

Im Jahr 2019 haben ca. 16 % der Erwerbstätigen im Schichtdienst gearbeitet. Die Abend- und Nachtarbeit hat in den letzten 20 Jahren zugenommen: Während Selbstständige häufiger am Abend arbeiten, arbeiten unselbstständig Tätige häufiger nachts. Was in den Zahlen nicht abgebildet ist: wie viele Eltern (vor allem Mütter) ihre Jobs aufgeben oder wechseln, weil die Arbeitszeiten nicht mit den Zeiten der Kinderbetreuung kompatibel sind.[9]

Wenn Frauen nach den größten Karrierehindernissen gefragt werden, nennt über die Hälfte der befragten Mütter (58 %) die schwierige Vereinbarkeit von Familie und Beruf. Für Mütter bedeutet die Vereinbarkeit von Familie und Beruf fast immer Verzicht oder Einschränkung ihrer Karriere. Dies wird auch durch eine Studie der Bertelsmann Stiftung belegt.[10]

Die Vereinbarkeit von Familie und Beruf ist ein sehr schwieriges Thema und oft nur eine Illusion. Zugegeben wird das aber nur selten, denn wer gibt schon gerne zu, dass er den gesellschaftlichen Erwartungen nicht oder nur unter enormem Stress entsprechen kann?

Die Journalisten Marc Brost und Heinrich Wefing zeigen in ihrem Buch „Geht alles gar nicht. Warum wir Kinder, Liebe und Karriere nicht vereinbaren können“ [11] anhand anonymer Interviews mit Eltern, dass die Vereinbarkeit von Familie und Beruf oft nur eine Illusion ist. Das hochaktuelle Werk entlarvt die von Wirtschaft und Politik beschworene „Vereinbarkeitslüge“ von Job, Familie und Selbstverwirklichung aus Männersicht.

Eltern hören und lesen überall die Botschaft der Vereinbarkeit von Familie und Beruf und erfahren in ihrem eigenen Leben, dass es meist zwar irgendwie funktioniert – aber nur um den Preis der Vernachlässigung der Kinder, des Partners und der eigenen Bedürfnisse.

Dieser Gegensatz zwischen einem allgegenwärtigen gesellschaftlichen Anspruch und dem Erleben des Scheiterns in der Realität ist der ideale Nährboden für Stress. Das Ergebnis ist eine erschöpfte Gesellschaft aus Männern und Frauen, die verzweifelt versuchen, zwei oder drei Leben in einem einzigen zu führen.

Die (Un-)Vereinbarkeit von Familie und Beruf ist ein Dauerthema in Politik, Wirtschaft, Wissenschaft und Gesellschaft. Lange galt es als Frauenthema, wie die Soziologin Arlie Hochschild bereits 1990 in ihrem Buch „The Second Shift" (Die zweite Schicht)[12] einprägsam aufzeigte. Auch heute leisten Mütter den Großteil der Haus- und Sorgearbeit (Care-Arbeit), auch wenn sie voll erwerbstätig sind. Zugleich sind ihre Einkommens- und Aufstiegschancen nach wie vor geringer als die von Vätern und kinderlosen Frauen. Immer mehr Frauen, vor allem hochqualifizierte, verschieben ihre Familienplanung oder bleiben kinderlos. Kinder und Karriere schließen sich für Frauen häufig immer noch aus. Seit einigen Jahren gewinnt das Thema auch bei Männern an Bedeutung. Väter übernehmen nach wie vor mehrheitlich die Rolle der Familienernährer, obwohl sich eine wachsende Zahl von ihnen wünscht, weniger Zeit mit Erwerbsarbeit und mehr Zeit mit ihren Kindern zu verbringen. Die Vereinbarkeitsfrage ist also eine geschlechtsspezifische: Für Mütter geht es um mehr Teilhabe am Erwerbsleben und berufliche Chancen, für Väter um mehr Teilhabe an der Sorgearbeit und am Familienleben.

Das Predigen der Vereinbarkeit von Beruf und Familie ist insofern nichts anderes als der Versuch, zu verschleiern, was ganz offenkundig ist: Die totale Mobilisierung aller Arbeitsfähigen für die Wirtschaft zehrt an der Substanz. Sie wird bezahlt durch psychische Erschöpfung und vor allem durch weniger Kinder, was zur Verschärfung des demografischen Ungleichgewichtes beiträgt. Solange weiterhin die Prioritäten verdreht bleiben, solange also das Bedürfnis der Wirtschaft nach menschlicher Arbeitskraft immer Vorrang hat, wird das illusionäre Versprechen der Vereinbarkeit von Familie und Beruf eine Quelle dauernder Enttäuschung sein.

Die Autorinnen Susanne Garsoffsky und Britta Sembach entlarven in ihrem Buch „Die Alles-ist-möglich-Lüge. Wieso Familie und Beruf nicht zu vereinbaren sind“[13] die These etlicher Ratgeber, Politiker und selbst erklärter Supereltern, dass der schwierige Spagat zwischen Karriere und Familie lediglich eine Frage der richtigen Lebenseinstellung sei. Die Autorinnen, erfolgreiche Journalistinnen, bekennen, dass sie über lange Strecken ihres Lebens zu kurz kamen, erklären, warum Eltern nach wie vor einen schweren Stand in der Arbeitswelt haben, und entwickeln Perspektiven, wie man das ändern könnte.

Eine wachsende Zahl junger Frauen und Männer löst die Vereinbarkeitsillusion auf einfache Weise auf: Sie verzichten auf die Gründung einer Familie. Sie flexibilisieren ihr Leben: keine Kinder, kein Betreuungsproblem, kein schlechtes Gewissen, kein Stress.[14]

Überforderung der Eltern durch gestiegene Anforderungen

Eltern sind wahre Zirkuskünstler. Sie versuchen, immer so viele Bälle wie möglich gleichzeitig in der Luft zu halten. Die Bälle wechseln mit dem Alter der Kinder, doch weniger werden es nie. Das hat Folgen: Immer mehr Eltern fühlen sich durch die vielfältigen Anforderungen, die an sie gestellt werden, überfordert und erschöpft. Der moderne Familienalltag ist zu einem Gesundheitsrisiko geworden.

Mehr als die Hälfte aller Mütter und Väter in Deutschland halten die Ansprüche an Eltern heute für höher als vor 30 Jahren. Das geht aus der bereits erwähnten repräsentativen Befragung für die Zeitschrift „Eltern“ hervor. 59 Prozent der Teilnehmer waren dieser Meinung.[15]

Was aber sind heute die Ursachen für die zunehmende Überforderung der Eltern?

Ständiger Zeitdruck, die berufliche Belastung und das Vereinbaren von Familie und Beruf sind die Hauptbelastungsfaktoren. Hinzu kommen die gestiegenen Ansprüche in der Leistungsgesellschaft. Immer schneller soll immer mehr erledigt werden, wir werden von Reizen überflutet und ertrinken in Informationen. Wer eine Familie hat, ist 24 Stunden am Tag verantwortlich. Schule, Job und Freizeit sind eng durchgetaktet. Kleine Einbrüche im System – Kind krank, Tagesmutter fällt aus – rauben schnell viel Energie.

Evolutionär gesehen lebt der Mensch am besten in Verbünden: früher in Stämmen, später in Großfamilien. Eine Kleinfamilie ist keine solche Struktur. Sie muss sie sich daher schaffen, indem sich Eltern gegenseitig unterstützen, nach den Kindern der anderen schauen und Besorgungen füreinander übernehmen.

Insbesondere der schnelle gesellschaftliche Wandel unserer Zeit und die Aufweichung von Normen und Werten führt dazu, dass Handlungsmuster früherer Generationen nicht unhinterfragt übernommen werden können, sondern vielfach erst diskutiert und neu aufgebaut werden müssen.

Die steigenden Herausforderungen der Eltern haben aber vor allem damit zu tun, dass heute in der Regel beide Partner erwerbstätig sind und die verschiedenen Lebensbereiche und Aufgaben koordiniert werden müssen. Darüber hinaus setzen die steigenden Anforderungen an die Bildung und Förderung der Kinder und der zunehmend große Einfluss der Medien Eltern unter Stress.

Laut Gesetz haben Eltern und Schule den Auftrag, Kinder und Jugendliche zu eigenverantwortlichen und gemeinschaftsfähigen Persönlichkeiten zu erziehen. Es war dabei lange klar, wer welche Aufgaben übernimmt. Doch diese Arbeitsteilung gerät seit einiger Zeit mehr und mehr aus dem Gleichgewicht und die Erziehung damit aus dem Ruder.

Lehrer beklagen, dass Eltern immer weniger in der Lage seien, ihren Teil der Erziehungsarbeit zu leisten. Eltern haben den Eindruck, dass sie die Orientierung bei der Erziehung ihrer Kinder verloren hätten – mit zum Teil dramatischen Folgen.

Kinderpsychiater, Therapeuten und Erziehungsexperten registrieren seit Jahren eine stetig wachsende Zahl von Beschwerden aus dem Schulbereich. Ein Teil des Problems sei, dass immer mehr Kindern das Wort *Nein* aus dem Elternhaus nicht mehr bekannt sei und ihnen auch Toleranz und Respekt vor anderen nicht beigebracht würden.

Der Blick auf die Zahlen der amtlichen Schulstatistik belegt, dass der Anteil der Kinder, denen ein besonderer Förderbedarf im Bereich *emotional-sozialer Entwicklung* bescheinigt wurde, in den letzten Jahren deutlich angestiegen ist. Im Jahr 2007 hatten rund 0,6 Prozent aller Schüler bis zur 10. Klasse eine solche Diagnose. 2016 waren es bereits 1,2 Prozent. Das heißt: In den deutschen Klassen saßen zuletzt rund 87.000 Schüler,[16] bei denen eine Verhaltensauffälligkeit offiziell bestätigt wurde. Die Dunkelziffer ist aber deutlich höher. Auffallend ist, dass der soziale Hintergrund keine große Rolle spielt; Kinder mit Verhaltensauffälligkeiten kommen aus allen gesellschaftlichen Schichten.[16]

Die Autoren der Studie sehen eine Ursache für diese Entwicklung im Elternhaus der Kinder. Die Vereinbarkeit von Familie und Beruf gelinge nicht so, wie sie gelingen sollte. Eltern seien oft nicht mehr in der Lage, die Kräfte aufzubringen, die es braucht, um ein Kind zu erziehen. Doch es seien eben die Eltern, die die „Kernerziehungskompetenz" haben. Die Schule könne nicht allein richten, was zu Hause nicht vorgelebt werde. Um ihren Anteil am Erziehungsauftrag zu erfüllen, seien Lehrer auf die Kooperation der Eltern angewiesen. Doch offenbar seien immer mehr Eltern mit der Erziehung ihrer Kinder überfordert.

Wie schwierig es für Mütter und Väter oft ist, ihren Erziehungsauftrag und zugleich ihre eigenen Ansprüche zu erfüllen, kann ich aus eigener Beratungspraxis bestätigen. Ich merke immer wieder, dass auf Eltern ein enormer Druck lastet. Oft müssen beide Elternteile arbeiten, um die Familie zu versorgen und ihre Existenz zu sichern. Weil Eltern es infolgedessen nicht mehr schaffen, ihre Kinder zu erziehen, steigen die Anforderungen an Schulen und Lehrer. Immer häufiger stehen daher nicht Mathematik und Englisch im Mittelpunkt des Unterrichts, sondern das soziale Miteinander. Und selbst das Erlernen grundlegender Alltagsfertigkeiten wird inzwischen auf die Schule übertragen: das Schleifebinden und das Halten eines Stifts.

Neben der *doppelten Erwerbsarbeit der Eltern* ist auch der Verlust von Erziehungswissen und Erziehungstradition in den Familien ein Grund für die Unsicherheit und Überforderung von Eltern. Wie verzweifelt Eltern oft sind, wenn sie mit der Erziehung nicht mehr weiterwissen, erfahren immer mehr Kinder- und Jugendpsychiater. Sie therapieren Kinder, die so verhaltensauffällig sind, dass sie in der Schule nicht mehr zurechtkommen, und beobachten, dass sich seit Mitte der 1990er-Jahre etwas verändert hat. Früher seien Kinder in einer Umgebung aufgewachsen, in der sich ihre Psyche ihrem Alter gemäß entwickeln konnte. Eltern hätten sich bei der Erziehung ihrer Kinder stark auf ihre Intuition gestützt. Heute dagegen fordere die immer schnelllebigere Welt andauernd die Aufmerksamkeit der Mütter und Väter. So reagierten sie oft nur noch auf das, was von allen Seiten auf sie einprassle: auf die Nachrichten auf dem Smartphone, auf den Telefonanruf oder auf das Gequengel des Kindes, das auf diese Weise Beachtung sucht. Das Kind macht dann die Erfahrung, dass sich die Erwachsenen steuern lassen. Statt konsequent zu bleiben, gäben die Eltern bei jedem Gejammer nach. Das aber sei fatal für die Entwicklung der Psyche.

Wenn Kinder dauernd erfahren, dass sie sich gegenüber ihren Eltern durchsetzen können, fällt es ihnen schwer, sich von anderen etwas sagen zu lassen. In der Schule machen sie dann, was sie wollen, und arbeiten, wenn es ihnen passt. Stellt ein Lehrer plötzlich Ansprüche oder übt gar Kritik, kann es zu einer massiven Arbeitsverweigerung kommen, weil die Kinder nie gelernt haben, damit umzugehen. Erziehung ist deutlich mehr als die Vermittlung von Regeln, es geht um die Bildung der Psyche, und dafür brauchen Kinder feste Bezugspersonen und Abläufe, an denen sie sich orientieren können.

Aber auch Arbeit und Geldsorgen bringen besonders gestresste und überforderte Eltern, besonders Mütter, an ihre Grenzen. Sie fühlen sich überfordert und reagierten genervt, wenn sich ihre Kinder mit dem Lesen, Schreiben oder Rechnen besonders schwertun. Eltern stehen unter Druck, weil sie ihr Kind ja bestmöglich unterstützen wollen. Kinder verweigern oder boykottieren das Erledigen der Hausaufgaben, wenn sie wiederholt die Erfahrung machen, dass sie sehr lange dafür brauchen oder die Aufgaben einfach nicht schaffen. Die vielen zusätzlichen Belastungen führen in vielen Familien zu Spannungen und diese beeinträchtigen das Familienklima.

Was macht Erziehung heute so schwierig?

Illusionäre Vorstellungen von Elternschaft und Familienleben

Weit verbreitet unter heutigen Eltern ist die Orientierung am *Idealbild einer perfekten Familie und perfekter Eltern.* Genährt wird diese Illusion von Bildern, die die Werbung vermittelt. Diese Idealisierung findet ihre Fortsetzung in den Familieninszenierungen in sozialen Medien.

Das Bild dieser „perfekten Familie" steht im krassen Gegensatz zur Realität. Die Individualisierung in unserer Gesellschaft hat zur Folge, dass sich Familien sehr verändert haben und neue Familienformen (siehe „Vielfältige Formen der Elternschaft", S. 39 ff.) entstanden sind. Es ist erstaunlich, dass in unseren unsicheren Zeiten, in denen z. B. in Städten jede zweite Ehe vor dem Scheidungsrichter endet, die perfekte Familie als Hort der Beständigkeit, der Ruhe und Geborgenheit gilt.

Das Bild der perfekten Familie steht offenbar umso klarer und strahlender da, je brüchiger der Rahmen geworden ist. Gab es bis vor wenigen Jahren noch klare Rollenvorschriften für die Mutter bzw. den Vater, müssen Beziehungen und Rollen heutzutage neu austariert und Zuständigkeiten neu verhandelt werden.

Fehlende Orientierung durch veränderte Erziehungsstile

In der Erziehung ihrer Kinder können sich Eltern nicht mehr an dem orientieren, was sie durch ihre Erziehung und Prägung erfahren haben, denn es hat sich zwischenzeitlich viel verändert.

Während des Nationalsozialismus schrieb die Ärztin Johanna Haarer in ihrem Buch „Die deutsche Mutter und ihr erstes Kind"[17], dass zu viel Blick- und Körperkontakt Kinder verweichlichen könnte und sie verzogen werden könnten.

Auch hieß es, dass Schreien die Lunge stärke, also gut für das Kind sei, und es keinen Trost brauche.

Das Buch von Johanna Haarer blieb mit seiner Ideologie des *autoritären Erziehungsstils* mit der Forderung nach Regelmäßigkeit, Disziplin und Strenge der Mutter noch lange nach dem Nationalsozialismus stilbildend. Erst in den 1960er-Jahren veränderte sich der Erziehungsstil grundlegend. Statt Gehorsam stand das Gegenkonzept, die *antiautoritäre Erziehung,* im Fokus. Das Kind durfte alles machen, was es wollte.

Seit den 1980ern ist vor allem ein Erziehungsstil populär, dessen Motto ist: *Beziehung statt Erziehung*. Damit sind aber auch die gesellschaftlichen Erwartungen an Eltern gestiegen. Sie müssen sich intensiver mit Themen wie Gesundheit, Ernährung oder Nutzung digitaler Techniken und Medien beschäftigen, um mit der Entwicklung ihrer Kinder Schritt zu halten.

Eine weitere große Veränderung ist der *Umgangston in der Familie*. Erziehen wird auch dadurch erschwert, dass Kinder immer fordernder, grenzenloser und übergriffiger werden, weil ihre Eltern ihnen keine Grenzen setzen. Häufig fragen sich Eltern, warum ihre Kinder so respektlos sind. Nach Auffassung von Erziehungsexperten ist der Grund dafür unter anderem ein *partnerschaftliches* bzw. *demokratisches Erziehungsmodell.*

Früher war in vielen Familien die klare Ansage an der Tagesordnung. Heute suchen Eltern das Gespräch mit den Kindern und wollen mit ihnen verhandeln, statt etwas einfach zu bestimmen. Das kann als positive Entwicklung gesehen werden, birgt aber auch Gefahren, denn manchmal brauchen Kinder klare Grenzen und Leitlinien.

Wenn Kinder und Jugendliche als ernstzunehmende Gesprächspartner mit einer eigenen Meinung betrachtet werden, kann das dazu führen, dass sich Eltern von ihnen steuern lassen. Das kann zur Folge haben, dass den Kindern der Respekt vor ihren Eltern verloren geht und damit auch vor Erwachsenen im Allgemeinen. Beginnen Kinder, ihre Eltern zu steuern und nicht umgekehrt, können sie sich nur schwer in ein soziales Gefüge einordnen und keine Konfliktfähigkeit entwickeln. Statt willensstark werden sie willkürlich und haben zu wenig Frustrationstoleranz, um gefestigte, einfühlsame, leistungsfähige und verantwortungsbewusste Erwachsene zu werden. Sie tendieren zum notorischen Verweigern, sind fordernd und schwer motivierbar.

Wenn Kinder ihre eigene Persönlichkeit entwickeln, trainieren sie ihr Durchsetzungsvermögen. Die Trotzphase und die Pubertät führen automatisch zum Machtkampf. Dies ist eine entwicklungspsychologische Notwendigkeit und kein persönlicher Angriff auf die Eltern. Damit der Prozess zum Wohle aller gelingt, müssen die Eltern die Zügel in der Hand behalten und gewaltfrei, aber nicht machtlos agieren. Kinder müssen erfahren, dass man ihre Bedürfnisse ernst nimmt und dass „Bitte", „Danke" und gute Argumente sie weiterbringen.

Eltern dürfen nicht vor lauter Verständnis permanent nachgeben. Erleben Kinder ihre Erzieher als schwach, können sie nicht zu ihnen aufschauen oder sich an ihnen orientieren.

Eltern plagt oft ein schlechtes Gewissen, wenn sie ihre Kinder in Fremdbetreuung geben und nicht ausreichend für sie da sein können. Und aus diesem schlechten Gewissen entwickeln sich *Konfliktvermeidung* und das *Verwöhnen der Kinder.*

Warum so viele Eltern verunsichert sind und sich mit der Erziehung ihrer Kinder schwertun, hat häufig damit zu tun, dass sie oft selbst antiautoritär erzogen wurden und weder Grenzen noch Orientierung vermittelt bekamen. Sie können weder auf Regeln noch Grenzen zurückgreifen, was sie verunsichert und sie bei der Suche nach dem richtigen Maß zwischen Verwöhnen und Fördern kapitulieren lässt.

Unabhängig davon, wie heutige Eltern als Kinder erzogen wurden – die Kindererziehung steht heute vor ganz anderen Aufgaben als damals. Die Vermittlung eines gemäßigten und hinterfragenden Umgangs mit Medien ist eines der populärsten Themen der modernen Erziehung. So schnell, wie sich unsere

Gesellschaft entwickelt, ändern sich auch die Anforderungen an eine gute Erziehung. Kinder von heute brauchen neben einer liebenden und fürsorglichen Familie vor allem jemanden, der sie auf die wachsenden Ansprüche einer sich ständig verändernden Welt vorbereitet.

Kinder brauchen Freiheit und Orientierung. Sie wollen in ihren Gefühlen und Bedürfnissen und in ihrer Wesensart an- und ernst genommen werden. Die Möglichkeit der Mitsprache stärkt ihr Selbstwert- und Verantwortungsgefühl. Das darf jedoch nicht mit Gleichberechtigung und Rollentausch verwechselt werden.

Verabschieden sich Eltern in falsch verstandener Partnerschaftlichkeit von ihrer Führungsrolle, entsteht das allgemeine Chaos, das wir heutzutage vielfach antreffen: Eltern und Pädagogen sind überfordert, Kinder verlieren Halt und Orientierung, wodurch sie in ihrer Entwicklung gehemmt werden.

Überbehütung und Kontrolle

Oft ist Angst der Auslöser dafür, dass Eltern ihre Kinder überbehüten. Anstatt die Welt zu erobern, sitzen die Kinder dann in einem „gepolsterten Laufstall". Die Tatsache, dass es immer mehr Einzelkinder gibt, ist auch ein Grund dafür, dass Eltern sie wie ein Kleinod behüten. Das kann weitreichende Folgen haben.

Sie kreisen um ihre Kinder wie ein Helikopter um einen Tatort, daher wahrscheinlich auch der Name „Helikoptereltern". Aus Angst um die Kinder kennt die Fürsorge keine Grenzen. Wenn die Fürsorge allerdings zu groß wird und Kinder nicht die Chance bekommen, eigene Erfahrungen und Fehler zu machen, um daraus zu lernen, und nicht lernen, mit Scheitern umzugehen, können sie nicht selbstständig werden.

In jedem Alter gibt es bestimmte Entwicklungsaufgaben, die bewältigt werden müssen, um den nächsten Schritt gehen zu können. Überbehütung und Kontrolle führen zur Einengung des Erfahrungs- und Entwicklungsraums von Kindern.

Helikoptereltern wollen ihrem Nachwuchs nichts mehr zumuten. Andererseits sind sie überehrgeizig und packen die Terminkalender ihrer Sprösslinge voller als die eines Managers. Sie übertreiben es, wenn es um die Bildung ihres Nachwuchses geht. Besonders die überengagierten Eltern aus dem Mittelstand wollen ihre Kinder in allen Lebensphasen behüten und die Fäden fest in der Hand halten. Elternsprechstunden und Elternveranstaltungen gehören inzwischen sogar an Universitäten zum festen Programm und Eltern gehen für ihre Kinder in die Studienberatung.[18]

Professor Klaus Hurrelmann stellt fest, dass Eltern ihren Kindern zu wenig Freiraum geben, und beobachtet, dass Kinder über eine immer *geringere Frustrationstoleranz* verfügen, häufig unter dem überfürsorglichen Erziehungsstil ihrer Eltern leiden und gleichzeitig einem immensen Leistungsdruck ausgesetzt sind.[19]

Hurrelmanns Beobachtungen passen zu den Ergebnissen der „Generation Alpha"-Studie. Laut dieser Studie sind die unter 10-Jährigen zu behütet, sozial auffällig und haben sprachliche Defizite. Sie verfügen über eine schlechte Impulskontrolle, sind emotional instabil und schneiden in der Folge in der Schule schlechter ab.[20]

Kinder haben einen durchgetakteten Alltag und kaum Freiräume, um sich kreativ auszuprobieren. Die Totalüberwachung durch ihre Eltern wirkt sich ähnlich aus wie Vernachlässigung und verhindert, dass sie selbstständig werden, sich etwas zutrauen und Selbstverantwortung übernehmen.[21]

Was ich selbst in meiner Kindheit in den 1950ern erlebt habe, wäre heute undenkbar oder sogar verboten. Wir wurden nach dem Leitbild der „schwarzen Pädagogik" erzogen, es gab noch die Prügelstrafe und Stubenarrest, dafür kamen wir ohne Kindersitz im Auto und ohne Spielzeugnormen aus. Alles war irgendwie unvorsichtiger. Wir kletterten noch auf Bäume, bauten uns Baumhäuser, bretterten ohne Helm mit dem Fahrrad über Buckelpisten, liefen zu Fuß zur Schule und kamen erst im Dunkeln vom Spielen nach Hause. Und alles ohne

Handy. Medizinflaschen, Steckdosen und Schubladen waren damals nicht kindersicher. Die Fläschchen aus der Apotheke konnten wir ohne Schwierigkeiten öffnen, genauso wie die Flasche mit dem Desinfektionsmittel. Wenn wir Durst hatten, tranken wir direkt aus dem Gartenschlauch oder zu fünft aus derselben Limonadenflasche, und es ist niemand an den Keimen gestorben. Den Mut zum Risiko konnten wir fast ungehindert ausleben. Wir hingen kopfüber vom Klettergerüst, fielen von Bäumen und Mauern, schürften uns die Knie auf, brachen uns Knochen und schlugen uns Zähne aus. Niemand fragte nach der Aufsichtspflicht und niemand wurde verklagt. Wenn es regnete, spielten wir „Mensch ärgere dich nicht", „Mühle" oder „Dame". Wir hatten weder Playstation noch Smartphone oder Tablet, und einen Fernseher hatten wir auch noch nicht. Wir streunten durch die Felder, stauten den Bach auf und waren immer dreckig. Die schlimmste Strafe war Hausarrest. Wenn wir eine Uhr brauchten, schauten wir hoch zum Kirchturm.

Wenn Kinder sich heute verabreden wollen, brauchen sie ein Handy. In der Küche hängen Terminpläne. Auf dem Fußballplatz, ein paar Häuser weiter, bolzt niemand. Der neunjährige Leon hätte noch Donnerstag nachmittags Zeit, aber sein bester Freund sitzt bei der Nachhilfe, sonst schafft er in acht Jahren das Abitur nicht. Leons zweitbester Kumpel wohnt einen Kilometer weiter, darf aber allein nicht raus. Cedric von gegenüber übt nach den Hausaufgaben Klavier und Felix, zehn, hockt lieber am Computer.

Vielen „Helikoptereltern" ist nicht bewusst, dass sie loslassen und ihren Kindern mehr vertrauen müssen.

Josef Kraus, Präsident des deutschen Lehrerverbandes und Autor des Buches „Helikopter-Eltern"[22], empfiehlt Eltern, wieder gelassener zu sein, ihrer Intuition zu vertrauen und nicht zu viel Leistungsdruck auszuüben. Er fordert: *„Schluss mit Förderwahn, Kontrolle, Überbehütung und Verwöhnung."*

Um sich von der Überbehütung und Kontrolle des eigenen Kindes zu verabschieden, besteht die wichtigste Aufgabe der Eltern darin, loszulassen und zu lernen, mit ihren eigenen Ängsten umzugehen. Sie können ihr Kind ohnehin nicht lebenslang vor allem beschützen, sonst müssten sie es ja zu Hause einsperren. Eltern können nur die bestmöglichen Voraussetzungen schaffen und darauf vertrauen, dass am Ende alles gut geht.

Fehlendes Erziehungswissen und mangelnde Kompetenz

Viele Eltern halten mit ihrem ersten Kind zum ersten Mal ein Baby auf dem Arm. Es fehlt ihnen an Erfahrungswerten im Umgang mit (Klein-)Kindern, es mangelt an biografischen Lernmöglichkeiten, etwa als älteres Geschwisterkind oder im Verwandten- und Freundeskreis der eigenen Eltern. Stattdessen werden schon während der Schwangerschaft zwei bis drei Erziehungsratgeber gelesen, denn die Eltern möchten bei ihrem ersten Kind alles perfekt machen und nehmen die Verantwortung, die auf sie zukommt, sehr ernst. Keinesfalls wollen sie den Chancen ihres Kindes in irgendeiner Weise im Wege stehen. Daraus kann sich ein wahrer Strudel aus überzogenen Ansprüchen an sich selbst, Ängsten und Sehnsüchten ergeben.

Mit diesen Vorbereitungen erwerben sich Eltern *Erziehungswissen,* was aber längst noch keine *Erziehungskompetenz* ist. Die zeigt sich erst in der konsequenten Anwendung des Wissens.

Es fragt sich, wie gut junge Eltern auf die Erziehungsaufgabe vorbereitet sind, denn die ersten drei Jahre im Leben ihres Kindes sind entscheidend für seine weitere Entwicklung. Während dieser Zeit erhält es eine *Grundprägung*, durch die es für Kita und Schule sozialisiert wird, und soll Selbstvertrauen gewinnen.

Der Erziehungswissenschaftler und Sozialpädagoge Albert Wunsch stellt in seinem Buch „Die Verwöhnungsfalle. Für eine Erziehung zu mehr Eigenverantwortlichkeit“[23] fest, dass Kinder und Jugendliche von heute verweichlicht und schlecht für das Leben gerüstet sind. Sie bekämen ein zu großes Maß an Aufmerksamkeit, das ihnen nicht guttue und dazu führe, dass sie ein überzogenes

Ich entwickeln. Er schreibt, dass die Kinder heute ein geringes Durchhaltevermögen haben, schnell aufgeben und kaum belastbar sind. Gleichzeitig sei ein übersteigertes Selbstbewusstsein festzustellen, die Kinder bilden sich ein, viel zu können, was aber nicht stimme, und das führe dazu, dass sie für die Herausforderungen des Lebens nicht gut gerüstet seien.

Als Ursachen für diese Defizite sieht Albert Wunsch die mangelhafte Erziehung durch die Eltern, die seiner Ansicht nach konfliktscheu sind, ihren Erziehungsauftrag nicht wahrnehmen und stattdessen ihre Kinder verwöhnen und sie zu Prinzen und Prinzessinnen erziehen. Seit 20 Jahren sei zu sehen, dass Kinder und Jugendliche immer weniger in die Ernsthaftigkeit des Lebens hineingeführt werden, man halte praktisch eine Art Schonwiese für sie bereit – anschließend, wenn das reale Leben einsetze, fänden sie sich darin nicht zurecht.

Albert Wunsch ist der Meinung, dass die Eltern heutzutage Konflikte vermeiden wollen, indem sie keine Positionen beziehen – vor lauter Sorge, autoritär zu wirken. Die Eltern orientieren sich heute intensiver an den Kindern als die Kinder an den Eltern, wollen Freunde und Kumpel ihrer Töchter und Söhne sein. Damit aber konterkarieren sie ihren Erziehungsauftrag.

Was aber bedeutet es, eine hohe Erziehungskompetenz zu besitzen?
Erziehungskompetenz ist der Eckpfeiler einer entwicklungsfördernden Erziehung und bedeutet, dass man die Führung übernimmt und Kinder mit bedingungsloser Liebe und Konsequenz stärkt, ihnen Grenzen setzt und ihr Selbstvertrauen fördert. Darüber hinaus geht es um das Wissen, dass Kinder andere Kinder brauchen, dass sie Erfahrungen mit der Schule machen müssen und dass Eltern ihnen Medienkompetenz beibringen müssen, um sich im Umgang mit Medien (Fernseher, Video, Computer, Handy und sozialen Medien), Werbung und Konsum zurechtzufinden.

„Eltern, erzieht uns endlich wieder!“ Mit dieser Forderung betitelte der „Stern“ eine Reportage zum Familienalltag in Deutschland. Im Auftrag des „Stern“ führte das Rheingold-Institut in Köln eine Untersuchung zum Thema „Fordern-

de Könige oder gefangen in der Überforderung? Kinderstudie zum Alltags-Erleben der Kinder“ durch.[24] Dabei wurden Mädchen und Jungen zwischen acht und fünfzehn Jahren zu ihren Ängsten, Sorgen und Wünschen befragt. Zentrales Ergebnis: Die Kinder erleben ihre Welt zunehmend als labil und brüchig. Sie erleben vom Alltag erschöpfte Eltern, die mal sehr streng, dann wieder als Kumpel auftreten. Sie vermissen zuhause neben Sicherheit auch eine klare Ordnung – mit verlässlichen Uhrzeiten, eindeutigen Ansagen von Vater oder Mutter und einer klaren Wertestruktur. Sie wünschen sich Eltern, die wieder als Eltern auftreten, sie Kind sein lassen und sich trauen, einen eigenen Standpunkt zu beziehen, gegen den man auch rebellieren kann.

Worin zeigt sich Erziehungskompetenz?

Erziehung bedeutet, Kinder stark für das Leben zu machen, ihnen zu helfen, ihren Platz in unserer Gesellschaft zu finden und eigenverantwortlich zu handeln. Dies stellt für Eltern eine besondere Herausforderung dar. Eltern wollen heute ihren Kindern ein Maximum an sozialen Kompetenzen und Bildung vermitteln, ohne dass sie dabei auf bewährte Erziehungsmodelle oder Vorbilder zurückgreifen können.

Neben einem veränderten Anspruch an Erziehungskompetenz sehen Eltern sich überfordert, die Erziehung ihrer Kinder und die beruflichen Anforderungen miteinander in Einklang zu bringen. Starke Väter und Mütter sind notwendiger als je zuvor. Sie dürfen sich aber nicht selbst schwächen, weil sie meinen, mit ihren Kindern auf Augenhöhe sein zu müssen. Kinder brauchen Eltern, die wie Leuchttürme sind.

Wie aber kann Erziehungskompetenz gefördert werden?

Erziehungskompetenz und Erziehungswissen sind kein Schulfach. Wer beides nicht von seinen Eltern gelernt hat, kann sich von Erziehungsberatungsstellen unterstützen lassen. Zu den Aufgaben der Erziehungsberatungsstellen gehört die Unterstützung von Eltern und anderen Erziehungsberechtigten bei der Wahrnehmung ihrer Erziehungsverantwortung. Diese Beratungsstellen sind bei Jugendämtern und freien Trägern wie der Caritas oder der Diakonie oder bei den Kommunen angesiedelt. In der Erziehungsberatung arbeiten Psychologen und Fachkräfte der sozialen Arbeit, die Eltern dabei unterstützen, ihre Erziehungskompetenz zu stärken und zu fördern.

Perfektionismus

Wer nach Perfektion strebt, der tut das nicht zwangsläufig immer in allen Bereichen des Lebens. Es gibt Menschen, die sich extrem hohe Maßstäbe beim Sport, am Arbeitsplatz oder in ihren sozialen Beziehungen setzen.

Perfektionismus in der Kindererziehung kann zu großen Leistungen führen, doch er kann auch Stress, Leistungsdruck und Schuldgefühle erzeugen und Eltern an ihre Grenzen bringen.

Natürlich wollen alle Eltern das Beste für ihr Kind, aber leider schießen sie mit ihren guten Absichten häufig über das Ziel hinaus. Oft überfordern sie durch allzu hohe Erwartungen nicht nur das Kind, sondern auch sich selbst.

Immer mehr Eltern setzen ihre Kinder – im Glauben, das Beste für ihre Startchancen im Leben zu tun – unter Leistungsdruck. Dabei unterliegen sie dem Irrglauben, damit die Weichen für ein erfolgreiches Leben ihrer Kinder zu stellen, und begründen ihr Fordern damit, dass sie ihr Kind fördern wollen. Es soll zur „Elite" gehören, und um das zu erreichen, kann man nicht früh genug anfangen, so denken perfektionistische Eltern. Bereits während der Schwangerschaft wird im Kopf das perfekte Kind entworfen. Dabei gilt immer noch das alte Familienmotto: *„Unser Kind soll es einmal besser haben."* Embryos werden bereits mit Mozart „beschallt", damit sie intelligenter werden. Mütter essen besonders gesundheitsbewusst Biokost und nehmen Folsäure ein, um ihrem Kind von Anfang an die besten Chancen zu geben.

Tausende Kompetenzen sollen schon bis zur Aufnahme in den Kindergarten erworben werden. Eltern kümmern sich heutzutage um jedes Detail der Nachwuchsförderung und versuchen, ihr Kind so früh und so vielfältig wie möglich durch Musik-, Sport- und Sprachunterricht zu fördern, um es wettbewerbsfähig zu machen.

Die Folge ist ein regelrechter Optimierungs*wahn:* Immer mehr Eltern melden ihr Kind in einem Kindergarten an, der Märchen auf Englisch präsentiert und musisch-künstlerische Neigungen fördert. Darüber hinaus wird Logopädie gegen Lispeln oder Psychotherapie bei kleinsten Verhaltensauffälligkeiten in Anspruch genommen. Manche Eltern haben schon ein schlechtes Gewissen, wenn ihr Kind nicht mindestens zwei Förderangebote pro Tag wahrnimmt.

Eltern (meist Mütter) tun alles, um ihren Nachwuchs schon möglichst früh auf die Spur zu setzen, die zu beruflichem Erfolg führt. Spätestens in der Schule wird für viele Kinder der Druck verstärkt. Bereits in der Grundschule bekommen sie intensive Nachhilfe, um die Empfehlung fürs Gymnasium zu erhalten oder statt einer 2 eine 1 zu bekommen.

Leon, 35:

Meine Eltern kamen aus kleinen Verhältnissen und machten ihren Aufstieg über Bildung. Dass es das Wichtigste sei, der Beste zu sein, war ihre Mitgift für mein Leben. Sie pushten mich regelrecht, weil ich überall der Beste sein sollte. Um der Klassenprimus zu sein, verordneten sie mir Nachhilfe. Oft übte meine Mutter mit mir schon Lektionen, die in der Schule noch gar nicht dran waren. Oft gab es Tränen. Dass sie sich selbst und mich mit ihrem Ehrgeiz und ihrem Elitedenken stresste, merkte sie nicht. Nach meinen Wünschen und Bedürfnissen wurde nie gefragt. Ich habe mich todunglücklich und unwohl gefühlt, weil ich spürte, dass ich das nicht durchhalten konnte. Irgendwann habe ich begonnen, mich zu verweigern. Damit habe ich zwar meine Eltern maßlos enttäuscht, aber es war mir egal. Diese Entscheidung war für mich Selbstschutz und Befreiungsschlag zugleich und notwendig, um

mich dem ständigen Druck und Drill zu entziehen. Ich habe trotzdem meinen Weg gemacht und zu einem erfüllten, selbstbestimmten Leben gefunden, nachdem ich mich von meinen rigiden Eltern gelöst habe.

Wie das Beispiel zeigt, stresst der Vollkommenheitswahn der Eltern nicht nur sie selbst, sondern auch ihre Kinder.

Die negative Folge besteht in einer angespannten Überwachungsmentalität, die Eltern üben eine Art Richteramt aus. Es gibt ständig Machtkämpfe. Das Gerechtigkeitsempfinden ist gestört, denn auch perfekte Eltern machen Fehler, aber das dürfen die Kinder nicht bemängeln. Dabei beachten Eltern weder individuelle Entwicklungsphasen, noch lassen sie ihren Kindern Raum zur Entwicklung und Entfaltung. Spätestens mit dem Beginn der Pubertät schaukeln sich diese Machtkämpfe auf und zeigen den Eltern ihre Grenzen.

Die Ursachen für den Perfektionismus der Eltern liegen meist in deren Kindheit. Oft sind es enge Bezugspersonen, die mit ihrem Handeln, ihren Aussagen und ihren Erwartungen Perfektionismus bei anderen hervorrufen. Geben die Eltern sehr strenge Richtlinien vor und sind selbst stark perfektionistisch veranlagt, wird das mit hoher Wahrscheinlichkeit auf die Kinder abfärben. Das gilt vor allem dann, wenn die hohen Erwartungen der Eltern an sich selbst auf den Nachwuchs projiziert werden. Eltern, die selbst sehr perfektionistische Eltern hatten, haben unreflektiert die Prägung ihrer Eltern übernommen und sind davon überzeugt, dass ihr Kind in einer globalisierten Welt nur so bestehen kann.

Das Elitebewusstsein und der Optimierungswahn der Eltern können aber auch darin begründet sein, dass ihr Kind das erreichen soll, was sie selbst nicht erreicht haben.

Zusätzlich verstärkt der Trend zur Ein-Kind-Familie den Wunsch vieler Eltern, dass das Kind ein *„Premium-Kind“* ist, das alle Ansprüche und Erwartungen seiner Eltern erfüllt. Damit wird dieses eine Kind zu einer Art Statussymbol.

Auch der gesellschaftliche Druck hat in den vergangenen Jahren eine immer größere Rolle bei der Entstehung perfektionistischer Verhaltensweisen eingenommen. Eltern bekommen teils unrealistische Bilder davon vermittelt, was ihre Kinder leisten können sollten, und geben diese weiter.

Perfektionismus ist eine permanente Überforderung und kann tatsächlich mit einigen Risiken einhergehen. Perfektionistische Eltern, die versuchen alles zu optimieren, setzen sich unter Dauerstress und damit dem Risiko aus, früher oder später an einem Erschöpfungssyndrom (Burn-out) zu erkranken. Damit das nicht passiert, sollten sie erkennen, dass ihr Verhalten überzogen und auf Dauer nicht durchhaltbar ist. Perfektionismus zeigt sich z. B. darin, dass Eltern möglichst alles, was ihr Kind tut oder tun soll, exzessiv und mehrmals kontrollieren und möglichst alles verbessern, bis das Ergebnis perfekt ist.

Natürlich wollen sie nur das Beste für ihr Kind, aber sie wollen dabei oft mehr, als dem Kind guttut. Um das richtige Maß zu finden, ist es nötig, von den eigenen Erwartungen abzuweichen und mehr auf das Kind zu blicken. Wo liegen seine Talente, seine Vorlieben? Wann ist es körperlich und mental bereit, etwas Neues zu lernen?

Eine hilfreiche Handlungsoption, um sich vom Perfektionismus zu befreien, besteht darin, ihn zu vermeiden, indem man das *Pareto-Prinzip* beachtet. Es wurde nach Vilfredo Pareto benannt, einem italienischen Ingenieur, Soziologen und Ökonomen. Er erkannte, dass man 80 % der Ergebnisse mit nur 20 % des Aufwands erreicht. Für die Optimierung und Ausarbeitung der restlichen 20 % benötigt man die verbleibenden 80 % seiner Mühe, Zeit und Energie. Häufig könne aber die Optimierung der letzten 20 % unterbleiben, da sie keinen angemessenen Mehrwert liefere.

Es geht darum, den Tagesablauf zu strukturieren und sich nicht mit kleinen Aufgaben aufzuhalten, die viel Zeit kosten, aber keinen Ertrag bringen. Dazu ist es notwendig, sich zu fragen, was wirklich wichtig ist – etwa für ein Projekt. Eine *Not-to-do-Liste* ist ideal. Aufgaben, die unwichtig sind und daher nicht zwingend erledigt werden müssen, schreibt man auf diese Liste. Die Punkte zeigen auf, welche Arbeiten von den wichtigen 20 Prozent ablenken und daher nach hinten verschoben werden können.[25] Das Pareto-Prinzip wird zwar in der Wirtschaft als Zeitmanagementelement eingesetzt, ist aber auch für Eltern hilfreich, damit sie nicht an ihr Limit kommen.

Wichtig ist es, sich auf das zu konzentrieren, was wirklich bedeutsam ist. Hilfreich ist diesbezüglich das Buch „Die Kunst, keine perfekte Mutter zu sein. Das Selbsthilfebuch für gerade noch nicht ausgebrannte Mütter“[26] von Nathalie Klüver. Eltern müssen nicht perfekt sein. Gut genug reicht. Was mir wichtig ist: Eltern sollten sich entspannen und ihre Ansprüche an sich selbst herunterschrauben. Entlastend ist vielleicht die Erkenntnis, dass niemand irgendwelchen gesellschaftlichen Idealen hinterherjagen muss. Jede Familie hat ihr eigenes Leben, ihre eigenen Werte und ihre eigenen Probleme. Deshalb sollte man einfach weniger vergleichen, weniger auf vermeintlich gute Ratschläge hören und mehr seinen eigenen Weg gehen.

Haben Sie Mut zur Unvollkommenheit. Die bisherige Ordnung wird bei Veränderungen nicht gleich zusammenbrechen. Sehen Sie jedes Ereignis einzeln, hüten Sie sich vor Verallgemeinerungen („Nie räumt ihr richtig auf!“). Lassen Sie sich ruhig ein bisschen von der Lockerheit Ihrer Kinder anstecken. Seien Sie nachsichtig bei der Kindererziehung, lassen Sie auch mal Fünfe gerade sein – und nehmen Sie’s mit Humor und Geduld.

2 Vielfältige Formen der Elternschaft

Ob verheiratete oder unverheiratete Eltern, Alleinerziehende oder gleichgeschlechtliche Paare mit Kind: Noch nie waren Familienmodelle so vielfältig. Doch die Rollen von Mann und Frau in ihrer Elternschaft haben sich seit dem letzten Jahrhundert kaum verändert.

Die traditionellen Eltern

Das, was heute häufig noch als traditionelle Elternschaft angesehen wird, stammt aus den 1950er-Jahren: Vater, Mutter, Kind. Die Rollenverteilung war ganz klar: Die Mutter war für die Küche, die Kinder und den Haushalt zuständig, der Vater hatte das Einkommen für die Familie zu erwirtschaften.

Paare, die heute die *traditionelle Elternrolle* bevorzugen, sind i. d. R. verheiratet. Wenn sie ein Kind bekommen, ändert sich die Partnerschaft und die Rollenverteilung. Der Vater darf voraussetzen, dass die Mutter die gesamte Verantwortung für die Betreuung der gemeinsamen Kinder trägt. Er mag sich zwar die Arbeit mit ihr teilen, aber ihm kommt dabei lediglich eine administrative Rolle zu, das heißt, er hilft seiner Frau emotional, finanziell, sachlich und praktisch. Er bildet die Pufferzone gegen die Außenwelt und ermöglicht seiner Frau dadurch, in die Betreuung des Kindes hineinzuwachsen. Da der Vater für das finanzielle Überleben eines weiteren Menschen verantwortlich ist, bekommt seine Arbeit einen neuen Stellenwert.

Die Geburt von Kindern trägt nach wie vor zu großer sozialer Ungleichheit bei. Die Gründe sind vielfältig. Die Einkommensschere zwischen Frauen und Männern, zu wenige Kinderbetreuungsplätze sowie bestehende Karenzmodelle sind Erklärungen dafür, warum Frauen das Gros der Hausarbeit und Kindererziehung tragen. Während der überwiegende Teil der Väter Vollzeit arbeitet, bleiben Mütter nach der Geburt ihres Kindes für mehrere Monate oder Jahre zu Hause und kehren dann in ihren Beruf zurück, allerdings meist in eine Teilzeitanstellung.

Auch wenn die Kinder größer geworden sind und nicht mehr so viel Betreuung brauchen, bleiben viele Frauen teilzeitbeschäftigt. Das ist problematisch, weil jahrelange Teilzeitbeschäftigung massive Auswirkungen auf die Altersversorgung hat und zu Altersarmut führt.

Dass Frauen ihre Erwerbsarbeit vergleichsweise lange unterbrechen, ist u. a. auch darin begründet, dass es zu wenige Betreuungsplätze für Kinder unter drei Jahren gibt. Zudem wollen manche Eltern ihre Kinder in diesem Alter nicht fremdbetreut wissen. Vor allem auf dem Land ist die Auffassung noch sehr verbreitet, dass ein Kleinkind am besten zu Hause aufgehoben sei.

Die gleichberechtigte Elternschaft

Junge Eltern stellen sich die Frage, wie sie ihr Familienleben organisieren und welche Rollen sie dabei übernehmen wollen. Ein Modell ist das der gleichberechtigten Elternschaft. Gleichberechtigte Eltern teilen sich die Betreuung ihres Kindes zu gleichen Teilen. Gleichberechtigte Partnerschaften entstanden, weil die ökonomische Realität beide Elternteile dazu zwang, arbeiten zu gehen. Die Frauenbewegung hat ebenfalls zur Gleichberechtigung beigetragen. Außerdem gibt es nur noch selten eine Großfamilie und der Vater muss für Großeltern oder Schwiegereltern einspringen.

Wie Haus- und Erziehungsarbeit partnerschaftlich fair geteilt werden, legt das Paar idealerweise gemeinsam fest. Dabei geht es darum, dass unbezahlte Arbeit wertgeschätzt und gerecht verteilt wird. Für das Modell der gleichberechtigten Elternschaft gibt es keine Vorbilder und deshalb ist seine Umsetzung oft anstrengend.

Damit dieses Modell von beiden Elternteilen als fair empfunden werden kann, sollten beide zu gleichen Anteilen zum Familieneinkommen beitragen. Da die Elternschaft beide Elternteile betrifft, muss auch die Familien- und Erziehungsarbeit geteilt werden. Das Ziel sollte sein, die Aufgaben in einer Familie auf den Schultern beider Elternteile zu verteilen, um Mütter zu entlasten und ihnen die Chance zu geben, sich auch um ihr eigenes Leben zu kümmern, Zeit für sich zu haben, einem Job nachzugehen, der später auch genügend Rente für sie abwirft – so, wie es der Vater auch kann. Aber was sich in der Theorie so schön anhört, ist in der Praxis oftmals schwer zu realisieren.

Alexandra, 35:

> *Mein Mann und ich waren uns von Anfang an einig, dass wir alles teilen wollen. Mein Mann hat sich nach der Geburt unseres Sohnes vom ersten Tag an um alles gekümmert, hat gewickelt, gekocht, aufgeräumt, eingekauft, das Kind in den Schlaf gewiegt und seine Tränen getrocknet. Auch die Elternzeit haben wir genau hälftig geteilt, jeder sieben Monate. Als ich wieder ins Büro ging, hat mein Mann den Alltag mit Baby alleine gestemmt. Ich will nicht sagen, dass unser Weg reibungslos verlief – wir haben viel nachjustiert, das tun wir immer noch, denn wir probieren etwas aus, wofür wir keine Vorbilder haben.*

Es stimmt hoffnungsvoll, dass sich die starren Geschlechterrollen im Zeitalter der neuen Männer und der neuen Frauen aufgeweicht haben. Damit verbunden ist ein Wandel der Mutter- und Vaterrolle.

Funktioniert die gleichberechtigte Rollenverteilung, entwickeln die Eltern ein starkes Solidaritätsgefühl und vertiefen ihre Beziehung. Eine Frau kann große Befriedigung aus dem Gedanken ziehen, dass ihr Mann das Großziehen der gemeinsamen Kinder auch als seine Aufgabe betrachtet, was die partnerschaftliche Bindung verstärkt.

Co-Elternschaft (Co-Parenting)

Co-Elternschaft und *Co-Parenting* sind Begriffe, die bis vor zehn Jahren noch unbekannt waren. Es handelt sich um eine Elternschaft, in der sich Erwachsene zusammentun, um ein oder mehrere Kinder zu bekommen und großzuziehen, ohne eine sexuelle oder romantische Beziehung zu haben. Sie arbeiten ausschließlich auf der Elternebene zusammen.

In manchen Fällen werden aus Freund- oder Bekanntschaften irgendwann Co-Elternschaften. Auch über spezielle Internetportale finden sich Co-Parenting-Teams.

In der Regel werden Kinder in einer Co-Elternschaft nicht durch Sexualverkehr gezeugt, sondern durch Insemination. Dabei wird das Sperma des männlichen Elternteils von einer Gynäkologin oder einem Gynäkologen in einer Kinderwunschklinik in die Gebärmutter des weiblichen Elternteils eingebracht, um eine Eizelle zu befruchten.

Da Co-Eltern weder miteinander liiert noch verheiratet sind, werden sie rechtlich wie andere unverheiratete Elternpaare behandelt. Zunächst erhält die leibliche Mutter das alleinige Sorgerecht. Viele Co-Väter und Co-Mütter entscheiden sich deshalb, eine Sorgerechtserklärung zu unterschreiben. Dabei handelt es sich um eine offizielle Willenserklärung von unverheirateten Eltern, die elterliche Sorge gemeinsam auszuüben. Nur so ist garantiert, dass beide Elternteile ein Sorge- und Umgangsrecht für das Kind bekommen.

Dieses Elternmodell erlaubt es, Eltern zu werden und Single zu bleiben. Im Idealfall wollen beide biologischen Elternteile ihrer Verantwortung als Eltern nachkommen. Der Vater ist auch bereit, Verantwortung zu übernehmen und am Leben des Kindes teilzuhaben. Die Intensität des Kontaktes wird von den Co-Eltern im Vorhinein besprochen. Die Aktivität des Vaters ist jedoch sehr variabel und reicht von gelegentlichen Kontakten (Onkelrolle) bis zum regelmäßigen Wechselmodell mit geteiltem Sorgerecht, finanziellen Pflichten und Unterhalt. Dem Kind ist er aber immer als *sein Vater* bekannt.

Alleinerziehende – Ein-Elternteil-Familien

Es gibt viele Familienformen – Kinder alleine zu erziehen ist eine davon. Die *Ein-Elternteil-Familie* entspricht jedoch nicht der ursprünglichen Lebensplanung der meisten Betroffenen, sondern ist Folge einer gescheiterten oder durch Tod beendeten Partnerschaft. Die meisten Alleinerziehenden sind geschieden (41 %), einige sind verheiratet, leben aber getrennt vom Partner oder von der Partnerin (13 %). Eine vergleichsweise große Gruppe sind die Verwitweten (28 %).

Die Anforderungen an Alleinerziehende sind deutlich höher als an zusammenlebende Eltern. Sie versorgen und erziehen ihre Kinder vorwiegend allein, managen den Haushalt und müssen für den Lebensunterhalt sorgen. Diese Familienform ist am stärksten von Armut bedroht oder betroffen, und zwar durch schlecht bezahlte Arbeit (oft in Teilzeit), ausbleibende Unterhaltszahlungen oder Probleme bei der Vereinbarkeit von Familie und Beruf (siehe „Bestandsaufnahme“, S. 13 ff.).

Laut dem Statistischen Bundesamt sind zehn Prozent der Alleinerziehenden in Deutschland Väter (in Österreich sind es ebenfalls 10 %, in der Schweiz 15 %). Sie sind genauso kompetent wie Mütter und manchmal auch genauso überfordert. Doch sie werden in der Gesellschaft kritischer betrachtet.[27] Im Gegensatz zu (meist akademisch gebildeten) Frauen, die sich ein Kind wünschen, aber keinen Partner haben, wählen alleinerziehende Väter diese Lebensform nicht selbst. Sie ist die Folge einer Trennung. Alleinerziehende Väter organisieren ihr Leben mit Kind anders als alleinstehende Mütter, denn in der Regel arbeiten sie in Vollzeitjobs und brauchen daher ganz andere Unterstützungsnetze.

Obwohl es für alleinerziehende Väter eine besondere Herausforderung ist, sich gleichzeitig um Kind und Job zu kümmern, handelt es sich um die am stärksten wachsende Familienform der letzten Jahrzehnte.[28]

Konflikte ergeben sich für alleinerziehende Väter, wenn sie ihre Kinder aufgrund von Überforderung vernachlässigen, weil sie nach einem anstrengenden Arbeitstag kaum noch die Kraft haben, sich um sie zu kümmern, geschweige denn, etwas mit ihnen zu unternehmen.

Konflikte ergeben sich auch aus einer zu starken Fixierung eines alleinerziehenden Vaters auf sein Kind, die es ihm später erschwert, sich aus der Eltern-Kind-Symbiose zu lösen.

Für Kinder aus Ein-Elternteil-Familien können sich auch Konflikte ergeben, wenn sie nach der Trennung ihres alleinerziehenden Elternteils als „Ersatzpartner(in)" eine Lücke ausfüllen sollen. Mit dieser Rolle sind sie überfordert und in ihrer Entwicklung beeinträchtigt, denn die partnerschaftliche Beziehung zwischen Elternteil und Kind vermischt die natürlichen Rollen.

Für alleinerziehende Väter gibt es verschiedenste Beratungsangebote. Gerade für Alleinerziehende, die zeitlich oft sehr eingeengt sind und persönliche Beratungsgespräche oder Telefonzeiten nur schwer mit ihrem Alltag vereinbaren können, eröffnet in Deutschland die *Online-Beratung* des Verbandes alleinerziehender Mütter und Väter neue Möglichkeiten. Sie wird vom Ministerium für Soziales und Integration gefördert und ist auch für alleinerziehende Väter eine gute Option. Dort können sie sich über ihre Rechte und Ansprüche beraten lassen und finden ein offenes, wertschätzendes Ohr für ihre Situation (https://vamv-rlp.beranet.info/; in Österreich gibt es eine Online-Beratung für Alleinerziehende unter beratung@alleinerziehend.at; in der Schweiz unter elternberatung.projuventute.ch).

Beratung erhalten alleinerziehende Mütter und Väter auch auf folgenden Internetseiten:

- https://familienportal.de/familienportal/lebenslagen/trennung/allein-und-getrennt-erziehende-eltern (Hier geht es darum, getrennte Eltern darin zu unterstützen, trotz der Trennung als Paar Eltern zu bleiben, und sie in der Verantwortung für ihre Kinder zu stärken.)

- https://www.forum-alleinerziehende.de/index.php/beratung-unter stutzung/verband-alleinerziehende-mutter-und-vater-e-v/ (Hier geht es darum, alleinerziehende Mütter und Väter in der Herausforderung, Kindererziehung, Beruf und Haushalt miteinander zu verbinden, zu unterstützen.)

- https://beratung.de/recht/ratgeber/alleinerziehender-vater-was-erhaelt-ein-alleinerziehender_frmvru (Hier geht es darum, welche Unterstützungsleistungen alleinerziehenden Vätern zustehen.)

- https://www.vaeter-zeit.de/allein-mit-papa/01.php (Alleinstehende Väter organisieren sich anders als alleinstehende Mütter. In der Regel arbeiten sie in Vollzeitjobs. Daher benötigen sie andere Unterstützungsnetze; diese werden hier angesprochen.)

Patchworkfamilien

Patchworkfamilien bestehen aus Müttern und Vätern, die nach Trennung oder Tod eine *Zweitfamilie* gründen. Damit beginnt ein ständiger Vergleich. Besonders Kinder, die unter der Trennung oder dem Verlust eines Elternteils durch Tod leiden, leisten oft heftigen Widerstand, sich in dieser neuen Familie zu integrieren. Sie haben die Entscheidung zur Patchworkfamilie nicht getroffen, müssen aber trotzdem in ihr leben.

Patchwork-Eltern starten mit dem Problem, keine Vorlaufzeit zu haben, um sich als Paar im Alltag kennenzulernen. Sie beginnen gleich mit Kindern aus unterschiedlichen Familien und Milieus und mit einer äußerst komplexen Familienform, insbesondere wenn man noch das verwandtschaftliche Netz der jeweiligen Ursprungsfamilien berücksichtigt, also Großeltern, Tanten, Onkel, Cousinen usw.

Anders als bei gewachsenen Familien betreten alle Familienmitglieder unbekanntes Neuland, das sie sich behutsam erobern müssen, denn es gibt keine Erfahrungswerte für dieses Modell. Das führt dazu, dass auch Patchwork-Eltern sich schwertun und unsicher sind. Ihnen fehlen grundsätzlich Muster, wie die Rollen und Aufgaben ausgefüllt werden sollen.

Für alle Familienmitglieder wird erkennbar, dass sich der Alltag von Patchworkfamilien deutlich von dem traditioneller Erstfamilien unterscheidet. Jeder Tag ist eine Herausforderung, denn „Bruchstücke" verschiedener Familien müssen zu einer neuen Lebensgemeinschaft zusammenwachsen: Kinder, die sich plötzlich am Tisch gegenübersitzen, sind zunächst Fremde, die miteinander Bad und Zimmer teilen müssen, die von ihrem leiblichen Elternteil getrennt leben, denen ein neues Leben in einer neuen Familienstruktur zugemutet wird. Gegensätzliche Gewohnheiten und Charaktere treffen auf engstem Raum aufeinander. Es müssen neue Beziehungen zu den noch fremden Familienmitgliedern aufgebaut werden. Das erzeugt zumindest anfangs Spannungen und gestaltet den Alltag in Patchworkfamilien häufig anstrengend. Zudem stoßen in Patchworkfamilien nicht nur zwei Familiensysteme aufeinander, sondern häufig auch verschiedene Welten mit unterschiedlichen Gewohnheiten, Prägungen, Charakteren und Erziehungsstilen. Da es zunächst keine allgemein verbindlichen Regeln gibt, wird der Umgang mit der Andersartigkeit erschwert. Das fängt bei den „Kleinigkeiten" des Alltags an: verschiedene Tischmanieren, Vorlieben beim Essen oder die Esskultur im Allgemeinen, die mehr oder weniger ausgeprägte Ordnungsliebe, der Sinn für Verantwortung.

Kinder aus früheren Beziehungen leben in zwei Familiensystemen und fühlen sich beiden Familien zugehörig. Das zu akzeptieren und zu unterstützen erfordert von Patchwork-Eltern viel Einfühlungsvermögen, Verständnis und Rücksichtnahme.

Häufig treten in Patchworkfamilien auch Konflikte auf, weil sich Patchwork-Eltern nicht auf Erziehungsregeln einigen können, die allen Kindern aus den verschiedenen Kernfamilien gerecht werden.

Konflikte zwischen Eltern und Kindern gibt es in allen Familienformen. Die besondere Konstellation der Patchworkfamilie verschärft diese aber in der Regel. Die Hälfte der Beziehungen scheitert und somit ist die Trennungswahrscheinlichkeit höher als unter Paaren in erster Ehe.[29]

Warum ist das so? Eine Patchworkfamilie ist ein äußerst komplexes Beziehungsgeflecht, das erfordert, dass sich alle Familienmitglieder an unterschiedliche Regeln und Rituale anpassen. Gewohnte Abläufe zu verlassen ist schwierig – für Kinder wie für Erwachsene. Konkret geht es um Tagesabläufe, Erziehungsfragen oder die Familienhierarchie. Konflikte entstehen besonders dann, wenn gewohnte Verhaltensmuster der Herkunftsfamilien mit denen der neuen Familie kollidieren. Dies ist vor allem in besonderen Situationen wie zu Weihnachten, an Geburtstagen und im Urlaub häufig zu beobachten.

Patchwork-Paare vergessen in ihrer Verliebtheit oft, dass sie zwar mit einem neuen Menschen eine Beziehung beginnen, dass es aber keinen wirklichen Neustart gibt. Man ist nicht zunächst zu zweit, um sich in Ruhe kennenzulernen. Weil Kinder aus früheren Beziehungen vorhanden sind, überspringt man einen wichtigen innerfamiliären Entwicklungsschritt. Der romantische Beginn der Liebe muss beides miteinander vereinbaren: ein Liebespaar zu sein und gleichzeitig ein Elternpaar. Nicht selten unterschätzen verliebte Paare die Einflüsse aus der Vergangenheit. Diese können das Leben in einer Patchworkfamilie empfindlich stören.

Patchwork-Eltern sollte bewusst sein, dass sich Konflikte aus der Veränderung der Position in der Geschwisterreihe und der Geschlechterposition ergeben können. Das bisher älteste Kind kann jetzt zum jüngeren werden, das bisher einzige Mädchen kann nun auf einmal Schwestern haben und ein bisheriges Einzelkind fühlt sich möglicherweise entthront. Die Rollen auf der Geschwisterebene müssen neu verteilt werden, was die Aufgabe von Privilegien und die Übernahme neuer Verantwortlichkeiten zur Folge haben kann. Kommen durch die Gründung der Patchworkfamilie neue Kinder hinzu, so bedeutet dies für alle Kinder in vielerlei Hinsicht ein Teilen-Müssen: ein Teilen von Raum, Zeit und Zuwendung der Eltern, häufig aber auch von persönlichen Dingen wie z. B. Spielzeug oder Sportartikeln. *Verteilungskonflikte* können die Folge sein. Das birgt Konfliktpotenzial und kann Patchwork-Eltern an ihr Limit bringen.

Damit das nicht geschieht und Konflikte vermieden werden können, sollten Patchwork-Eltern ...

- vermeiden, dass ihre Kinder aufgrund von unterschiedlichen Erwartungen überfordert und verunsichert werden,
- allen Akteuren im System Patchworkfamilie ein Mindestmaß an Wertschätzung und Akzeptanz entgegenbringen, ohne dabei einer Meinung sein zu müssen,
- sich klar machen, dass ein Kind durchaus in der Lage ist, mehrere Erwachsene als Eltern anzusehen,
- für die Kinder, die ständig in der Familie leben, dieselben Regeln aufstellen wie für jene, die in diese Familie zu „Besuch“ kommen.

Wenn Eltern es nicht selbst schaffen, die durch die Patchwork-Situation entstehenden Konflikte zu lösen, sollten sie die Hilfe eines *Kinder- oder Familientherapeuten* in Anspruch nehmen, mit dem Ziel, ihre Kinder zu unterstützen, die neue Realität zu akzeptieren. Sie sollten um Verständnis dafür werben, dass sie als Eltern das Recht dazu haben, nach einer Trennung oder einem Todesfall ein neues Leben zu beginnen.

Adoptiveltern

Eine Adoption bedeutet großes Glück: Ein Kind bekommt Eltern, Eltern bekommen ein Kind. Doch dem Glück des Kindes geht der Schmerz voraus, von den leiblichen Eltern nicht gewollt oder getrennt zu sein. Für Adoptiveltern ist es nicht die erste Option, auf diese Weise ein Kind zu bekommen. Oft haben sie schon jahrelange vergebliche Versuche hinter sich, ein eigenes Kind zu bekommen. Die Sehnsucht, endlich Eltern zu werden, ist eine starke Motivation. Dabei werden nicht selten die besonderen Herausforderungen übersehen, die mit einer Adoption einhergehen.

Ein Kind zu adoptieren ist eine ganz persönliche Entscheidung. Bevor man sie trifft, ist es sinnvoll, sich darüber zu informieren, welche Herausforderungen es dabei geben kann. Hilfreich sind immer persönliche Erfahrungen von Adoptiveltern.

Saskia, 37:

> *Mein Mann (42) wollte schon immer Kinder. Bei mir kam dieser Wunsch erst mit 33 Jahren so richtig auf. Nach einer längeren Phase des Versuchs, natürlich schwanger zu werden, und einer anstrengenden und schmerzhaften Kinderwunschtherapie verabschiedeten wir uns vom Wunsch nach einem leiblichen Kind. Wir haben uns dann für die Adoption eines Neugeborenen beworben. Der Grund dahinter war ziemlich eigennützig: Das Kind sollte möglichst wenig Altlasten mitbringen. Abgesehen davon kann man mit einem neugeborenen Baby selbst in die Elternrolle hineinwachsen. Inzwischen haben wir eine Tochter und sind glücklich.*

So glücklich Saskia und ihr Mann mit ihrer Adoptivtochter sind, so herausfordernd kann es für sie als Adoptiveltern sein, zu akzeptieren, dass sie keine „normale" Familie sind.

Adoptiveltern sind biologischen Eltern rechtlich gleichgestellt, andererseits ist eine große Zahl von Unterschieden offensichtlich: Während sich bei biologischen Eltern die Erwartung der eigenen Fruchtbarkeit erfüllte, wurden die meisten Adoptiveltern zunächst mit der Erfahrung der eigenen Unfruchtbarkeit konfrontiert und mussten sich mit ihr auseinandersetzen und sie verarbeiten. Adoption war für sie nur die zweitbeste Lösung. Während Erwachsene in der Regel keine Voraussetzungen für Elternschaft erfüllen müssen und unabhängig von anderen über den Zeitpunkt der Geburt ihrer Kinder entscheiden können, müssen Adoptiveltern ein langwieriges Bewerbungsverfahren durchlaufen, ihre Eignung als potenzielle Erzieher nachweisen und vielfach lange auf ein Kind warten. Sie sind also bei der Realisierung ihrer Pläne von anderen Personen abhängig.

Während biologische Eltern durch die Schwangerschaft auf ihr Kind vorbereitet werden und sich langsam auf die Übernahme der Elternrolle einstellen können, müssen zukünftige Adoptiveltern zunächst mit der Ungewissheit leben, ob sie überhaupt ein Kind erhalten werden. Meist wird ihnen dann plötzlich ein Kind angeboten und sie müssen sich innerhalb kürzester Zeit entscheiden, ob sie es aufnehmen wollen. Es mangelt ihnen nicht nur an einem Zeitplan, nach dem sie sich auf die Elternrolle einstellen können, es fehlen ihnen auch Schwangerschaft und Geburt als Zeit der biologischen, emotionalen und psychischen Vorbereitung auf das Kind.

Während die Eltern-Kind-Beziehung normalerweise auf der biosozialen Zusammengehörigkeit beruht und sich Bindungen in der Prägephase direkt nach der Geburt ausbilden, müssen Adoptiveltern ohne biologische Bande auskommen. Sie müssen erst das Gefühl entwickeln, dass das Kind zu ihnen gehört. Die aus dieser Situation resultierende Unsicherheit wird noch dadurch verstärkt, dass sie während der Adoptionspflegezeit „Eltern auf Probe" sind und unter Erfolgszwang stehen. Zudem hängt immer das Damoklesschwert der irgendwann notwendigen Aufklärung des Kindes über seinen Status über ihnen.

Trotz rechtlicher Gleichstellung ist eine durch Adoption hergestellte Eltern-Kind-Beziehung nicht dasselbe wie Blutsverwandtschaft. Adoptiveltern werden sich immer mit dem Problem der „doppelten Elternschaft" und dem Gefühl des Andersseins auseinandersetzen und ihren Sonderstatus annehmen müssen.

Besonders während der Pubertät des Kindes müssen sich Adoptiveltern mit der doppelten Elternrolle auseinandersetzen.

Susan, 52:

Als ich mir den Film ‚Dschungelbuch 2' angeschaut hatte, haben die Worte von Moglis ‚Adoptivvater' – ‚Ich hätte doch verstehen müssen, dass der Dschungel immer ein Teil von dir ist!' – mir die Augen dafür geöffnet, dass unsere Adoptivtochter etwas mit in unsere Familie bringt, das fremd ist und uns immer fremd bleiben wird, weil wir das Milieu, dem sie entstammt, nicht kennen. Sie kam mit 7 Tagen inkognito zu uns – zu meinem Mann, unserem 2½-jährigen Sohn und mir. Wir versuchten, eine normale Familie zu sein, obwohl wir aus zwei Welten stammten. Als unsere Tochter älter wurde und Familie in der Schule Thema wurde, nahmen die Fragen nach ihrer Herkunft zu. Als sie dann zu Beginn der Pubertät den Wunsch äußerte, ihre leibliche Mutter kennenzulernen, haben wir uns auch darum bemüht. Da dies jedoch nicht realisierbar war, verstärkten sich ihr Empfinden und ihr Schmerz darüber, abgegeben, abgelehnt worden zu sein. Ihre Wut gegen ihre leibliche Mutter bekam ich in voller Wucht ab. Ich weiß nicht, wie ich diese Zeit ohne mein Wissen um meine Doppelrolle ausgehalten hätte. In dieser Zeit war es für mich auch eine große Hilfe, dass ich Menschen hatte, mit denen ich darüber reden konnte, von denen ich mich verstanden fühlte: Eltern unserer Adoptivelterngruppe. Heute ist das alles Geschichte. Meine heute 18-jährige Tochter hat mich neulich gefragt: ‚Wie hast du es eigentlich ausgehalten, dass ich dich so gehasst habe?' ‚Weil ich wusste, dass ich für dich zwei Mütter war', antwortete ich ihr.

Adoptiveltern sorgen für ihr Kind und ziehen es groß, so wie andere Eltern auch. Darüber hinaus begleiten sie ihr Kind aber auch in seiner besonderen Situation: dass es bereits Eltern hat, bei denen es aber nicht aufwachsen konnte.

Bei Fragen und Unsicherheiten können Sie jederzeit Kontakt mit Ihrer Adoptionsvermittlungsstelle aufnehmen. Außerdem gibt es Familienberatungsstellen, die Ihnen zur Seite stehen können. Vielen Eltern hilft auch der Austausch mit anderen Eltern oder Adoptiveltern. Eventuell haben Sie aus einem Vorbereitungsseminar Kontakte zu anderen Adoptivfamilien, vielleicht gibt es entsprechende Gruppentreffen in Ihrer Nähe oder Sie finden ein passendes Onlineforum.

Regenbogeneltern

Familie heißt heutzutage nicht mehr unbedingt Vater, Mutter, Kind. Sogenannte *Regenbogenfamilien* leben immer offener ein alternatives Konzept von Familie.

Bei Regenbogen-Eltern handelt es sich um gleichgeschlechtliche Eltern, die mit Kindern zusammenleben. Unter den Begriff fallen Paare, bei denen ein Partner ein Kind mit in die Familie bringt, sodass es sich dann gleichzeitig um eine Patchworkfamilie handelt.

Die beiden weiblichen bzw. die beiden männlichen Elternteile können – sofern dies gesetzlich zulässig ist – miteinander verheiratet sein, in alternativen Formen der elterlichen Verbindung, z. B. einer eingetragenen Partnerschaft und in einer formlosen Verbindung als Lebensgefährten zusammenleben.

Bei der Elternschaft sind folgende Varianten möglich:

1. *Adoption:* Mit dem Gesetz zur Einführung des Rechts auf Eheschließung für Personen gleichen Geschlechts vom 20. Juli 2017 können gleichgeschlechtliche Paare in Deutschland seit dem 1. Oktober 2017 die Ehe eingehen (Österreich erlaubt seit dem 1. Jänner 2019 durch Entscheidung des Verfassungsgerichtshofs die Ehe für alle, die Schweiz durch eine Volksabstimmung am 26. September 2021). Das Recht zur Eheschließung beinhaltet auch das Recht, ein Kind zu adoptieren.

2. *Mutterschaft und Co-Mutterschaft über Samenspende:* Bei zwei Frauen ist eine Familiengründung über eine Samenspende möglich. Es gibt dann eine leibliche Mutter des Kindes. Die Ehefrau der leiblichen Mutter („Co-Mutter") hat nur dann die gleichen Rechte wie die leibliche Mutter, wenn sie das Kind adoptiert.
3. *Vaterschaft über Leihmutterschaft:* Wenn zwei Männer ein biologisches Kind (im Gegensatz zu einem adoptierten Kind) bekommen möchten, ist das über eine Leihmutterschaft möglich, die aber in Deutschland verboten ist (Deutschland, Österreich, Italien, Frankreich und die Schweiz gehören zu den Ländern, die alle Formen der Leihmutterschaft verbieten). Der Mann, mit dessen Samen das Kind gezeugt wird, ist der leibliche Vater.

Familien mit homosexuellen Eltern gab es wahrscheinlich schon immer. Aber erst seit zwei Jahrzehnten werden Regenbogenfamilien gesellschaftlich sichtbarer.

In manchen Bundesstaaten der USA wie Kalifornien, Florida oder Utah sowie in Kanada ist Leihmutterschaft erlaubt und Homosexuelle oder alleinstehende Männer können eine Familie gründen. Beide Länder – die USA und Kanada – bieten rechtliche Garantien für die werdenden Eltern, die Leihmutter und das zukünftige Baby.[30]

Ein Unterschied zwischen Regenbogenfamilien und Familien mit verschiedengeschlechtlichen Eltern besteht bis heute im Abstammungsrecht und damit auch in der rechtlichen Absicherung der Kinder. Bisher gilt in Deutschland nach § 1591 BGB der gebärende Elternteil rechtlich immer als Mutter des Kindes (in Österreich ist nach § 143 ABGB ebenfalls die Mutter eines Kindes diejenige Frau, die das Kind geboren hat; in der Schweiz gilt die gebärende Frau als die leibliche Mutter). Die Partnerin der leiblichen Mutter ist Co-Mutter des Kindes, besitzt aber keine Elternrechte. Der bisher einzige Weg, diese zu bekommen, ist eine *Stiefkindadoption.* Im Gegensatz dazu wird die Elternschaft in heterosexuellen Partnerschaften laut Bundesgesetzbuch so geregelt, dass der Partner, der zum Zeitpunkt der Geburt mit der Mutter des Kindes verheiratet ist, automatisch der Vater ist. Das heißt, dass lesbische Ehepartner heterosexuellen Ehepaaren nicht gleichgestellt sind, auch, weil Co-Mütter keinerlei rechtliche Verbindung zu ihren Kindern haben. Sie stehen nicht der Geburtsurkunde ihres Kindes, mit der Folge, dass sie rechtlich und finanziell nicht abgesichert sind.

Sollte der Mutter etwas zustoßen, besitzt die Co-Mutter kein Sorgerecht für ihr Kind, das somit faktisch beide Elternteile verliert. Umgekehrt hat die Co-Mutter auch keine finanziellen Verpflichtungen und muss im Falle einer Trennung keinen Unterhalt für ihr Kind zahlen, was eine große Belastung für Mutter und Kind darstellen kann.

Beziehungsprobleme zwischen leiblicher Mutter und Co-Mutter können sich allein schon dadurch entwickeln, dass die Co-Mutter keine gleichberechtigte Stellung und keine Vorbilder für ihre Rolle hat. Während die Rolle der biologischen Mutter für alle klar ist, ist die der „anderen" Mutter stets erklärungsbedürftig.

Ein klassischer Konflikt bei Regenbogeneltern ist in der engen Beziehung (Symbiose) zwischen leiblicher Mutter und leiblichem Kind begründet, die bereits während der Schwangerschaft beginnt. Diese Beziehungsintensität kann die Co-Mutter nicht haben und das kann Eifersucht wecken.

Der WDR-Fernsehfilm „Unser Kind" aus dem Jahr 2018 erzählt von Menschen, die aus Angst, ein Kind zu verlieren, Grenzen überschreiten. Ein lesbisches Ehepaar hat sich per Samenspende den Kinderwunsch erfüllt. Katharina bringt nach einer künstlichen Befruchtung Baby Franz zur Welt. Ihre Frau Ellen möchte Franz so schnell wie möglich adoptieren. Jetzt muss nur noch Ellens Adoptionsantrag durchgehen, dann ist sie auch rechtlich genauso Franz' Mutter wie Katharina. Bevor die Adoption geregelt ist, stirbt Katharina bei einem Verkehrsunfall.

Witwe Ellen muss nun trotz unendlicher Trauer als alleinerziehende Mutter funktionieren. Rechtlich ist sie bislang nur Vormund für den kleinen Franz. Als sich der befreundete Samenspender und auch Katharinas Eltern zunehmend um das Kind bemühen und Ellen die Mutterschaft streitig machen, beginnt ein Kampf um die Elternschaft. Das Gericht muss entscheiden – zum Wohle des Kindes.

Der Film stellt auf emotional packende Weise die Frage nach der gesetzlichen Grundlage der Elternschaft in gleichgeschlechtlichen Ehen – und thematisiert eine Ungleichbehandlung, an der auch das neue Gesetz zur „Ehe für alle" nichts ändern wird.

3 Quellen der Überforderung

Überzogene Erwartungen

Es sind immer wieder überzogene Erwartungen, die Eltern das Leben schwer machen, vor allem die Erwartungen an sich selbst. Viele Mütter und Väter wollten in allem perfekt sein: im Job, als Eltern und als Partner.

Übertriebene Erwartungen führen bei den Eltern zu Selbstzweifeln. Sie wollen alles besser machen als ihre Eltern und dennoch kommen ihnen manchmal Stolpersteine in den Weg: Worte – oft in der eigenen Kindheit erlernt –, die sie nie sagen wollten, kommen ihnen über die Lippen. Sie wollten nicht schreien und doch passiert es immer wieder. Sie wollten nicht verzweifeln, wenn ihr Baby schreit, und doch stehen sie da und wissen nicht weiter.

Viele Eltern setzen sich bei der Erziehung ihrer Kinder enorm unter Druck. Das ist das Ergebnis einer repräsentativen Forsa-Umfrage für die Zeitschrift „Eltern".[31] Die Gründe dafür liegen dabei weniger am Spagat zwischen Job und Familie, sondern vor allem an den hohen Ansprüchen der Eltern an sich selbst, mit denen sich viele das Leben schwer machen und sich an ihre Grenzen bringen.

Um langfristig entspannt als Familie leben zu können, ist es wichtig, dass Eltern ein realistisches Maß an Erwartungen entwickeln. Oft leiden Eltern, die überzogene Erwartungen an sich selbst haben, unter der Angst, ihren Anforderungen nicht gerecht zu werden. Häufig beginnen sie ihre Elternschaft auch mit der Illusion, immer glücklich sein zu müssen. Zudem wird ihnen in den sozialen Medien (z. B. Instagram) eine himmlische Welt mit Kind(ern) vorgegaukelt. Eltern, die sich darin nicht wiedererkennen, fühlen sich als „Versager", sind ausgelaugt, müde und frustriert.

Wenn Eltern zu hohe Erwartungen an sich selbst stellen, laufen sie Gefahr, den Familienalltag als stressig und belastend zu erleben. *„Wenn jemand in diversen Lebensbereichen extrem hohe Maßstäbe hat und an diesen rigide festhält,* *weil der eigene Selbstwert davon abhängt, dann kann das zum Problem werden"*, sagt der Psychotherapeut Nils Spitzer.[32]

Die Betroffenen konzentrieren sich vor allem auf Fehler, Erfolge werden kaum gesehen. Können sie ihre hohen Maßstäbe nicht erfüllen und ihrem selbst erzeugten Leistungsdruck nicht standhalten, leiden sie. Die zu hohen Erwartungen an sich selbst führen zu Unzufriedenheit, Enttäuschung und Stress und bringen Eltern an ihr Limit.

Schulprobleme

Wenn Kinder in die Schule kommen, beginnt ein neuer Lebensabschnitt für die ganze Familie. Es können Probleme auftreten, die Eltern und Kinder herausfordern und stressen: Verhaltensauffälligkeiten, Lernstörungen oder Mobbing. Die Gründe dafür können ganz unterschiedlich sein.

Unterrichtsausfall durch Lehrermangel

Während Schüler bei Unterrichtsausfall jubeln: *„Juhu, kein Unterricht!"*, raufen sich berufstätige Eltern die Haare: *„Um Himmels Willen, ich habe keine Betreuung für meine Kinder!"* Fällt der Unterricht ungeplant aus, stellt dies Eltern mit Job vor eine echte Herausforderung.

Wegen eklatanten Lehrermangels kommt es inzwischen in fast allen Schulen zu Unterrichtsausfall und Kinder werden früher nach Hause geschickt. Das ist für berufstätige Eltern ein Problem, das sie unter Stress setzt, weil sie entweder ihre Arbeitszeit – sofern überhaupt möglich – reduzieren oder Fremdbetreuung für ihre Kinder organisieren und bezahlen müssen.

Der Lehrkräftemangel wird immer dramatischer und bereitet einer großen Mehrheit der Eltern Sorge. Er führt darüber hinaus dazu, dass Eltern zu Ersatzlehrern werden, was sie unter extremen Druck setzt. *„Hallo, Papa, ich komme heute früher nach Hause. Mathe fällt aus."* – Solche Sätze fallen immer häufiger in Familien mit Schulkindern. Wer soll die Kinder dann abholen und betreuen?

Job, Kind und Unterrichtsausfall lassen sich nur schwer unter einen Hut bringen. Während ein Schulausfall aufgrund von beweglichen Feiertagen oder angekündigten Streiks planbar ist, kann es bei extremer Witterung, z. B. wegen Sturm oder Eisregen, Probleme geben. Schnell muss Hilfe her, denn der Urlaub pro Jahr reicht bereits ohne Schulausfall nicht einmal für die Ferienbetreuung der Kinder.

Ein Anspruch auf Freistellung aufgrund von Ausfallzeiten der Schule besteht gesetzlich nicht. Und nicht jeder Arbeitgeber ist so kulant, seinen Mitarbeitern wegen Schulausfalls des Kindes freizugeben, sei es nun bezahlt oder unbezahlt. Im Übrigen lässt sich auch ein kurzfristiges Fernbleiben von der Arbeit oft aus Produktionsgründen gar nicht einrichten.

Der Rechtsanspruch auf die Ganztagsbetreuung in der Grundschule wird immer mehr zum leeren Versprechen. Überall fehlen so viele Grundschullehrer, dass Schüler oft nur noch an vier Tagen in der Woche unterrichtet werden können. In der Schweiz gibt es einen ähnlich großen Lehrermangel wie in Deutschland. Während in der Schweiz die Primarstufe betroffen ist, mangelt es in Österreich und Deutschland an Lehrern für die Sekundarstufen. Das trifft besonders berufstätige Mütter und Alleinerziehende.

Carolin, 41:

An der Grundschule meines Sohnes fällt ständig Unterricht aus. Das größte Problem ist, dass Informationen viel zu kurzfristig kommen. Gestern habe ich um 10 Uhr die Nachricht bekommen, dass der Unterricht ausfällt und mein Sohn bereits um 11:45 Uhr nach Hause kommt. In der Regel arbeite ich bis 12 Uhr, inklusive Heimfahrt passt es an normalen Schultagen zeitlich. Wegen der kurzfristigen Information der Schule kam ich in Stress, eine Betreuung zu organisieren. Gestern kam die Nachricht, dass mein Sohn morgen seine Fahrradprüfung macht und im Anschluss von 8:45 bis 9:30 Uhr nach Hause kommt.

Hätte ich das früher gewusst, hätte ich meine Arbeitstage mit der Kollegin getauscht. Momentan fällt wegen Lehrermangels mindestens an 2 Tagen in der Woche Unterricht aus. Ich bin auch nicht die einzige alleinerziehende Mutter, die Probleme hat, Betreuung zu organisieren.

Einige deutsche Bundesländer gehen wegen dramatischen Lehrermangels bildungspolitisch neue Wege. Demnächst soll nur noch an vier Tagen regulär, also im Präsenzmodus, unterrichtet werden. Der fünfte Tag soll alternativen Lernformen vorbehalten sein, was aber letztlich bedeutet, dass die Eltern ihrer Betreuungspflicht nachkommen oder Fremdbetreuung organisieren müssen.

Markus, 45:

Wir Eltern waren schon während der Coronapandemie genug von Homeoffice und Homeschooling gebeutelt. In der Schule meiner Tochter wurde wegen akuten Lehrermangels für mehrere Klassen und über mehrere Tage ‚häusliche Lernzeit' angeordnet. Unterricht am Küchentisch ist jetzt wieder an der Tagesordnung und die Eltern sind in der Pflicht, was nicht wenige mit ihrem täglichen Stress im Job an ihr Limit bringt.

Für Eltern ist der Unterrichtsausfall wegen Lehrermangels eine große Belastung, denn der ausfallende Unterricht muss zu Hause aufgefangen werden. Gerade für Kinder, denen das Lernen nicht so leichtfällt oder deren Eltern nicht so gut helfen können, ist das eine Katastrophe. Aber für viele Eltern – besonders, wenn beide berufstätig sind – führt das ans Ende ihrer Kräfte.

Lernschwäche und Lernbehinderung

Eine Lernschwäche oder Lernbehinderung ist nichts, was Kindern anzusehen ist. Eine Lernschwäche ist auf einzelne Bereiche begrenzt, zum Beispiel auf einzelne Schulfächer, während bei einer Lernbehinderung alle Bereiche des Lernens betroffen sind. Sie fällt erst im Schulalltag auf, denn hier geht es plötzlich um Leistung. Viele Kinder erleben im direkten Vergleich, dass sie mit manchen Anforderungen schlecht zurechtkommen.

Statt von Lernbehinderung wird heutzutage meist von einer *Lernbeeinträchtigung* gesprochen. Beides bedeutet, vereinfacht gesagt, dass ein Kind Schwierigkeiten hat, dem Unterrichtsgeschehen zu folgen. Oftmals können sich Kinder mit einer Lernbehinderung nicht gut konzentrieren und sind im wahrsten Sinne des Wortes blockiert, wenn sie bestimmte Aufgaben lösen sollen.

Schulprobleme entstehen, wenn Kinder regelmäßig überfordert werden und eigentlich einen besonderen Förderbedarf haben. Grundsätzlich ist es wichtig, dass Sie Ihren Nachwuchs aufmerksam beobachten. Vermuten Sie eine Lernschwäche, suchen Sie zuerst das Gespräch mit dem Klassenlehrer. Er kann das Lernverhalten des Kindes am besten einschätzen. Erhärtet sich der Verdacht, dass es sich um eine Lernschwäche handelt, kann Ihnen die Schule oder der Kinderarzt einen Kinder- und Jugendtherapeuten empfehlen. Dieser führt dann spezielle Tests durch, um eine Diagnose zu stellen. In den meisten Fällen wird eine Lernbehinderung anhand des Intelligenzquotienten festgemacht. Bei Kindern wird ein Intelligenzquotient zwischen 70 und 84 als Anhaltspunkt für eine Lernbehinderung angenommen.[33]

Es gibt aber auch vorübergehende Lernschwächen und solche, die sich auf bestimmte Bereiche beziehen. Bei Schulkindern vermehrt auftretende Teilleistungsstörungen sind z. B. die Lese-Rechtschreib-Schwäche (LRS, *Legasthenie)* oder die Rechenschwäche *(Dyskalkulie).* Wenn eine tatsächliche Lernbehinderung vorliegt, erfordert diese unter Umständen einen Wechsel in eine besonders dafür ausgerichtete Schule.

Wenn sich ein Kind bereits in der Grundschule schwertut, lesen, schreiben und rechnen zu lernen, stehen viele Eltern kurz vor dem Verzweifeln. Sie werden zu Hilfslehrern. An Nachmittagen, Wochenenden und in den Ferien wird „gebüffelt“,

Nachhilfestunden werden gebucht, das Kind strengt sich enorm an und dennoch fällt die nächste Bewertung wieder nur mittelmäßig oder sogar schlecht aus. Das Kind ist frustriert und der Schulstress belastet die gesamte Familie.

Mareike, 42:

Unsere 8-jährige Tochter hat eine Lernbehinderung. Die Diagnose war für meinen Mann und mich ein Schock. Der Test ergab, dass sie besonders schlechte Ergebnisse im Bereich des logischen Denkens, bei der Merkfähigkeit und der Verarbeitungsgeschwindigkeit hat. Letztere liegt sogar im Bereich der geistigen Behinderung. Lese- und Sprachverständnis sind altersgemäß entwickelt. Außerdem wird sie als sehr alltagskompetent eingeschätzt.

Ein Förderausschussverfahren haben mein Mann und ich schon in die Wege geleitet, ansonsten wissen wir aber nicht, was uns jetzt erwartet. Da unsere Tochter in der Regelschule (Grundschule) nicht mitkam, wechselte sie in eine Förderschule mit kleinen Klassen und Sonderpädagogen. Trotzdem müssen wir täglich mit ihr üben, was sehr anstrengend ist und uns oft an unsere Grenze bringt, obwohl sie ein so liebenswertes Kind ist.

Das Beispiel zeigt, dass Kinder mit einer Lernbehinderung es an öffentlichen Schulen nicht leicht haben. Wegen viel zu großer Klassen können sie trotz Inklusion nicht angemessen gefördert werden. Darüber hinaus haben sie kaum Erfolgserlebnisse, sondern werden durch den Vergleich mit anderen permanent frustriert.

Hilfreich für Eltern lernbehinderter Kinder ist Anke Willers Buch „Geht's dir gut oder hast du Kinder in der Schule?“[34] Darin berichtet sie davon, wie sehr die ganze Familie unter den Schulschwierigkeiten ihrer beiden Töchter gelitten hat und wie ihre Töchter es am Ende doch noch geschafft haben, einen Schulabschluss zu erreichen.

Leistungs- und Schulverweigerung

Nicht nur eine Lernbehinderung, sondern auch *Leistungsverweigerung* kann zu Schulproblemen und in der Folge zu einer extremen Belastung in der Familie führen.

Wenn Kinder Mitarbeit und Leistungsbereitschaft in der Schule verweigern, beginnt für Eltern der tägliche Stress mit dem Kind und der Schule.

Petra, 41:

Unser Sohn war eigentlich immer recht pfiffig. Im Kindergarten meinte jeder noch, er würde durch die Schule nur so durchmarschieren. Kurz nach der Einschulung gab es die ersten Probleme. Ben, der sonst immer für sein gutes Sozialverhalten gelobt wurde, wurde zum Klassenkasper und störte den Unterricht. In der 2. Klasse war es dann so schlimm, dass er grundsätzlich seine Mitarbeit verweigerte und seine Klassenlehrerin ihn nicht versetzen wollte. Ich habe für ihn gekämpft und er wechselte in eine andere Klasse. Die neue Lehrerin kam sehr gut mit ihm zurecht und er holte einiges an Stoff auf, den er in der 2. Klasse versäumt hat. Die 4. Klasse schloss er mit einer Hauptschulempfehlung ab. Jetzt geht er zur Gesamtschule und das Theater geht von vorne los. Fast täglich bekommen mein Mann und ich Aufforderungen der Schule zum Elterngespräch, was uns nicht nur unangenehm ist, sondern auch stresst und den familiären Frieden untergräbt. Das Familienleben ist sehr belastet.

Petra und ihr Mann sollten sich mit der Lern- und Leistungsverweigerung ihres Sohnes auseinandersetzen und verstehen lernen, dass die Verweigerungshaltung Ausdruck einer inneren Protesthaltung ist. Vielleicht kann ihr Sohn seine Probleme nicht anders artikulieren oder alle seine Versuche, auf die Schwierigkeiten aufmerksam zu machen, sind gescheitert. Notfalls sollten sich die Eltern um eine psychologische Erziehungsberatung bemühen, damit es nicht zur Schulverweigerung und zum Schwänzen kommt.

Wenn Kinder und Jugendliche nicht nur die Leistung verweigern, sondern dem Unterricht fernbleiben und die Schule schwänzen, ist eine neue Dimension erreicht. Es gibt zwei Formen:

- die aktive Schulverweigerung
- die passive Schulverweigerung

Bei der *aktiven Schulverweigerung* verweigert ein Kind oder ein Jugendlicher aktiv die Schule, was sich oft durch aggressives Auftreten im Unterricht, z. B. in Form von Störungen oder Missachtung der Autorität des Lehrers, zeigt. Auch Kinder und Jugendliche, die vorübergehend die Schule schwänzen oder sich kontinuierlich weigern, die Schule zu besuchen, bezeichnet man als aktive Schulverweigerer.

Um eine *passive Schulverweigerung* handelt es sich, wenn Kinder und Jugendliche zwar nicht durch Störungen im Unterricht auffallen, sich aber nicht daran beteiligen. Sie sind also (zumindest zeitweise) im Unterricht anwesend, sitzen dort quasi ihre Zeit ab, verfolgen das Unterrichtsgeschehen aber nicht oder nur sehr wenig, d. h. ohne Interesse. Die passive Schulverweigerung ist in den meisten Fällen deutlich schwieriger zu erkennen, da sie sich beispielsweise auch durch häufiges entschuldigtes Fehlen ausdrückt.

Die Grenzen zwischen den beiden Formen der Schulverweigerung sind fließend. So kann es vorkommen, dass Schüler phasenweise den Unterricht aktiv ablehnen und durch entsprechende Störungen auffallen, diese Phasen sich aber mit Zuständen abwechseln, in denen die Kinder den Unterricht passiv verweigern.

Wenn Kinder und Jugendliche nicht nur die Leistung verweigern, sondern auch dem Unterricht fernbleiben und die Schule schwänzen, fragen sich Eltern oft, was sie falsch gemacht haben oder was sie tun können. Nicht jedes unentschuldigte Fernbleiben vom Unterricht hat zwangsläufig etwas mit „Austesten von Grenzen“ oder „Null Bock auf Schule“ zu tun. Erkenntnisse der letzten Jahre zeigen, dass das Thema „Schule schwänzen“ weit mehr Facetten hat und sehr oft vom Zusammenwirken vieler größerer und kleiner Faktoren abhängt.

Beinahe jeder hat schon einmal die Schule geschwänzt, egal ob stundenweise oder einen ganzen Tag. Meist bemerken die Eltern es gar nicht. Wird Schwänzen zum Dauerzustand, hat dies jedoch nichts mehr mit kindlichem oder jugendlichem „Übermut“ zu tun. Weil es eine Schulpflicht gibt, ist unerlaubtes Fernbleiben vom Unterricht kein Kavaliersdelikt! Die Schule muss handeln. Schüler, die der Schule oder einzelnen Unterrichtsstunden fernbleiben, obwohl sie weder befreit oder beurlaubt noch nachweislich krank sind, fehlen unentschuldigt und schwänzen somit die Schule. Die Schulen sind angehalten, selbst bei einzelnen Stunden oder einem einzigen Tag zu handeln und Maßnahmen zu ergreifen.

Für Schüler und deren Eltern kann das Schwänzen auch rechtliche Konsequenzen haben. Erziehungsberechtigte haben die Überwachungspflicht zur Einhaltung der Schulpflicht ihrer Kinder. Schwänzen Kinder die Schule, weil Eltern ihrer Überwachungspflicht vorsätzlich oder fahrlässig nicht nachkommen, kann dies nach dem Gesetz mit einer Geldbuße geahndet werden. Das Bußgeldverfahren wird von der Schule eingeleitet, wenn Schüler der Schule mehrere Tage unentschuldigt ferngeblieben sind und die von der Schule zuvor ergriffenen Maßnahmen keinen Erfolg hatten.

Viele Eltern, deren Kind(er) die Leistung verweigern oder die Schule schwänzen, erleben einen Kontrollverlust, der sie an ihre Grenzen bringt und sich dauerhaft als Stress in der Partnerbeziehung auswirkt. Schlimmstenfalls scheitert die Ehe der Eltern.

Charlotte, 48:

Mein Mann und ich sind späte Eltern, haben erst Karriere gemacht und dann unser Wunschkind bekommen. Wir waren glücklich und alles lief gut und harmonisch, bis unsere Tochter in die Pubertät kam und aus einer guten Schülerin eine Leistungs- und Schulverweigerin wurde. Fast täglich wurden wir von ihrer Klassenlehrerin angerufen und mindestens einmal wöchentlich zum Elterngespräch bestellt, weil unsere Tochter sich nicht im Unterricht beteiligte, keine Hausaufgaben machte und immer häufiger die Schule schwänzte. Wir waren ratlos, weil nichts fruchtete, was uns die Erziehungsberatung empfohlen hatte. Der Dauerstress führte dazu, dass wir genervt und gereizt waren und es immer häufiger Streit gab. Eines Tages packte mein Mann seine Sachen und zog aus, weil er mit dieser Situation nicht mehr zurechtkam. Unsere Ehe ist tatsächlich an unserer Tochter gescheitert.

Hochbegabung

Obwohl Schulverweigerung häufig ihren Grund in der Überforderung des Schülers hat, kann sie auch im Gegenteil begründet sein: in einer *Hochbegabung*.

Eltern mit hochbegabten Kindern stehen heutzutage häufig unter großem Druck und werden zum Teil sogar von vielen Seiten verunsichert oder diskriminiert. Oft wird ihnen unterstellt, sie benutzten die Hochbegabung als Ausrede dafür, dass ihr Kind die Schule verweigere, schlechte Noten schreibe, als „Klugscheißer" daherkomme und wenige gleichaltrige Freunde habe.

Hochbegabte Kinder sind nicht selten Außenseiter, werden in der Schule gemobbt oder ausgegrenzt und brauchen enorm viel Kraft, um ihren Alltag zu bewältigen und sich nicht unterkriegen zu lassen. Aus alldem wächst den Eltern die Aufgabe zu, ihr hochbegabtes Kind umfassend zu fördern. Das heißt vor allem, dem Kind die Freude am Lernen zu erhalten. Förderung bedeutet auch,

Erfolgserlebnisse zu ermöglichen und die Persönlichkeit zu stärken. Hochbegabte Kinder zu fördern heißt, ihnen klare Regeln zu vermitteln und darauf zu achten, dass diese konsequent eingehalten werden. Des Weiteren besteht die Herausforderung für Eltern hochbegabter Kinder darin, ihnen Strategien an die Hand zu geben, mit dem Neid anderer Menschen sowie mit Unterforderung angemessen umzugehen und auch Frustration auszuhalten. Hinzu kommt, dass hochbegabte Kinder Freundschaften auf Augenhöhe benötigen und mit gleichaltrigen Kindern oft wenig anfangen können. Freunde zu finden ist oft wie die Suche nach der „Nadel im Heuhaufen". Hochbegabte Kinder sind eine echte Herausforderung und bringen ihre Eltern nicht selten an ihre Grenzen.

Je früher die Begabung eines Kindes festgestellt wird, umso früher kann es angemessen gefördert werden. Bleibt hingegen eine hohe intellektuelle Begabung unentdeckt oder wird das Kind nicht genügend gefordert, kann es aus Langeweile bereits im Kindergarten, vor allem im letzten Jahr, verhaltensauffällig werden. ErzieherInnen maßregeln diese Kinder dann oft.

Später, in der Schule, stören Jungen oft bei Gruppenaktivitäten bzw. im Unterricht. Sie knüpfen keine Kontakte und werden gemobbt. In der Schule haben sie Probleme mit der Konzentration, bleiben manchmal sogar sitzen. Manche Ärzte stellen eine falsche Diagnose und behandeln sie medikamentös (z. B. mit Ritalin). Mädchen ziehen sich häufig zurück und werden psychisch auffällig. Deshalb ist es wichtig, dass Eltern ihr Kind über längere Zeiträume hinweg genau beobachten, um zu erkennen, ob es hochbegabt ist.

Woran können Eltern erkennen, dass ihr Kind hochbegabt ist?

Auf folgende Charakteristika sollten Sie achten:

- Beginnt die Sprachentwicklung früher als bei anderen Kindern? Erwirbt das Kind schneller einen umfangreichen Wortschatz? Spricht es schon früh in komplexen Sätzen, verwendet es komplizierte Begriffe und erzählt es gerne längere Geschichten?

- Ist das Kind sehr aktiv, wirkt es energiegeladen, ist es lernbegierig? Erforscht es seine Umgebung neugierig, aufmerksam und selbsttätig? Beschäftigt es sich lange und ausdauernd mit ähnlichen Aktivitäten? Zeigt es schon früh ausgeprägte Interessen?
- Lernt das Kind schnell? Kann es sich gut konzentrieren? Zeigt es schon frühzeitig besondere Gedächtnisleistungen?
- Fragt das Kind viel? Nutzt es Erwachsene und ältere Kinder gezielt als Ressourcen?
- Erkennt das Kind schneller als andere Ursache und Wirkung, Strukturen und Regeln? Befasst es sich gerne mit Abstraktionen und klassifikatorischen bzw. ordnenden Tätigkeiten?
- Löst das Kind gerne schwierige Aufgaben, lehnt es Wiederholungen und Routinen ab?
- Nimmt das Kind gerne Dinge auseinander und setzt sie dann wieder zusammen? Zeigt es dabei (oder bei anderen Tätigkeiten) große Geschicklichkeit, räumliches Vorstellungsvermögen und Verständnis für Funktionen?
- Kann das Kind bereits im Kleinkindalter lesen, schreiben und rechnen? Hat es sich diese Fertigkeiten weitgehend selbst beigebracht?
- Interessiert sich das Kind für bestimmte (ausgefallene) Wissensgebiete und eignet sich hier selbstständig Kenntnisse an? Hat es (für sein Alter) unübliche Hobbys?
- Liest das Kind viel und vor allem (anspruchsvolle) Sachbücher?

Hochbegabte Kinder weisen einen IQ von über 120 auf. Doch oft bemerken Pädagogen oder Eltern das besondere Potenzial dieser Kinder nicht, sodass es sich sogar zurückbilden kann. Dadurch können große Probleme entstehen. Diese können sich in Leistungsverweigerung äußern, in aggressivem Verhalten, in Besserwisserei oder Isolation.

Wenn Sie den Eindruck haben, dass Ihr Kind hochbegabt sein könnte, lassen Sie es testen, dann haben Sie Gewissheit und können mit gezielter Förderung ansetzen. Dies ist umso dringlicher, als Schulen kaum mit ausreichendem Wissen ausgestattet sind, um Hochbegabung angemessen fördern zu können. Nicht entdeckte hochbegabte Kinder leiden unter dem Druck und ein Teufelskreis entsteht.

Michael, 48:

Unser Sohn ist 12 Jahre alt und hatte bereits in der Kita Probleme, sich anzupassen und an dem zu beteiligen, was die anderen Kinder machten. Im Kindergarten hat man zwar seine besonderen Fähigkeiten registriert, doch in den Vorschulkurs wollte man ihn wegen seines auffälligen Sozialverhaltens trotzdem nicht aufnehmen. Er machte immer sein eigenes Ding und wurde dadurch zum Außenseiter. Schließlich wurde Tim schon mit fünf Jahren eingeschult, seine Leistungen waren überdurchschnittlich gut, doch der im Kindergarten begonnene Konflikt zog sich bisher wie ein roter Faden durch seine Schulkarriere. Es gab immer wieder Ärger, weil Tim unaufmerksam war, sich mit Mitschülern stritt und mit seinem Verhalten aneckte. Erst die Diagnose eines Kindertherapeuten zeigte, dass unser Sohn hochbegabt und deshalb unterfordert und gelangweilt ist. Heute nimmt er an einem speziellen Schulprojekt teil, das hochbegabte Kinder in besonderem Maße fördert. Vor Kurzem haben wir für Tim eine Privatschule für Hochbegabte gefunden.

Wie das Beispiel zeigt, haben nicht nur hochbegabte Kinder wegen ihrer „Normabweichung“ und ihres anderen Bildungsbedürfnisses Probleme, sondern auch deren Eltern. Diese Bedürfnisse können aber an einer konventionellen Schule nicht befriedigt werden.

Für Eltern hochbegabter Kinder könnte das Buch „Hochbegabt – und trotzdem glücklich. Was Eltern, Kindergarten und Schule tun können, damit die klügsten Kinder nicht die Dummen sind" nützlich sein.[35] Im Mittelpunkt des Buches steht das hochbegabte Kind. Viele anschauliche Fallbeispiele schildern die unterschiedlichen Situationen und Probleme von Kindern und Eltern.

Verhaltensauffällige Kinder

Was ist Verhaltensauffälligkeit?

Der Tenor ist unüberhörbar: Immer mehr Kinder sind schwierig, zappelig, unkonzentriert, aufbrausend oder, anders ausgedrückt, „verhaltensauffällig". Viele dieser Kinder werden aufgrund ihres Verhaltens vorschnell therapiert und/oder bekommen sogar Medikamente verschrieben.

Als verhaltensauffällig werden Kinder und Jugendliche dann bezeichnet, wenn sie sich deutlich anders verhalten als die meisten anderen Kinder ihres Alters, wenn sie z. B. machen, „was sie wollen", sich den Eltern und anderen Autoritäten (z. B. Lehrern) widersetzen und die Rechte anderer Menschen missachten.

Daran sind Verhaltensauffälligkeiten zu erkennen:

- *selbstschädigendes Verhalten*, z. B. Nägel kauen, sich Haare ausreißen oder Verletzungen zufügen, Drogenmissbrauch, Essstörungen
- *Verhaltensweisen, bei denen andere Menschen geschädigt werden*, z. B. aggressives Verhalten, Körperverletzungen, Zerstörung von Gegenständen, Vandalismus, Brandstiftung oder Diebstahl
- *unsicheres, schüchternes und überängstliches Verhalten*, z. B. Nacht-Angst, Schulangst, Trennungsangst, sozialer Rückzug, depressive Phasen
- *Verhalten, das zu erheblichen erzieherischen Schwierigkeiten führt*, z. B. häufiges Lügen, ausgeprägtes, nicht alterstypisches Trotzverhalten, Konzentrationsschwäche[35]

Häufige Formen kindlicher Verhaltensauffälligkeit

Kinder können verschiedene Verhaltensauffälligkeiten entwickeln, die ihre Eltern und Familien überfordern und an ihre Grenzen bringen können.

Sozial-emotionale Entwicklungsstörungen

Als soziale Entwicklungsstörung bezeichnet man die andauernde Unfähigkeit, das Verhalten angemessen zu kontrollieren.

Störungen des Sozialverhaltens sind psychische Störungen und Verhaltensweisen, bei denen soziale Regeln nicht anerkannt oder eingehalten werden. Betroffene Kinder zeigen sich oft aggressiv, haben Wutausbrüche, streiten häufig und fallen durch dissoziales, aggressives oder aufsässiges Verhalten auf. Verhaltensweisen, die auf ein *gestörtes Sozialverhalten* hinweisen, sind häufiges Streiten oder Tyrannisieren, Grausamkeiten gegenüber anderen Menschen oder Tieren, erhebliche Destruktivität gegenüber Eigentum sowie Stehlen oder Lügen.

Inka, 39:

Mein Sohn (7) wurde letztes Jahr eingeschult, da gingen die Probleme los. Er beschimpft alles und jeden, sobald es nicht nach seiner Vorstellung läuft. Das war auch schon in der Kita so. Seit er in der Schule ist, wirft er mit wirklich schlimmen Ausdrücken um sich, ist aggressiv und wirft im Unterricht mit der Schere, wenn es nicht so läuft, wie er es gerne hätte. Er ist unberechenbar, prügelt, bedroht, beleidigt seine Mitschüler. Auch zu Hause ist er so, was für seine Schwester und die ganze Familie unerträglich ist. Uns als Eltern erschöpft es, täglich Hiobsbotschaften aus der Schule zu bekommen und ständig zu Krisengesprächen geladen zu werden. Die Kinderpsychologin sagte, er habe eine sozial-emotionale Störung und deshalb sei eine längerfristige Therapie notwendig.

Kinderpsychologen haben es mit immer mehr Kindern zu tun, die sozial-emotionale Defizite und infolgedessen gravierende Störungen im Lern-, Leistungs- und Sozialverhalten aufweisen.

Eine wissenschaftliche Studie des „Verbandes Bildung und Erziehung" belegt, was Lehrkräfte immer wieder deutlich machen: dass Kinder mit emotional-sozialen Entwicklungsstörungen eine ausgeprägte Symptomatik zeigen, die nur durch intensivpädagogische Maßnahmen, in der Regel von Sonderpädagogen, aufgefangen werden können. Die Zahl der Kinder, die einen entsprechenden Förderbedarf attestiert bekommen, ist in den letzten Jahren drastisch gestiegen.[36]

Marietta, 41:

„*Unser elfjähriger Sohn hat einen sozial-emotionalen Förderbedarf und ich habe alles Mögliche versucht, um eine geeignete Schule für ihn zu finden. Mit Lars gab es schon immer Schwierigkeiten, nur habe ich die nicht so wahrgenommen wie die Umwelt um mich herum. Lars hatte schon als Kleinkind viel mehr Streitigkeiten und Schwierigkeiten im Kindergarten, als es normal ist, und er hat vor allem schlechter verstanden, was andere Menschen von ihm wollten. Er konnte sich bereits als Kleinkind nicht so gut konzentrieren und seine Tobsuchtsanfälle beeinträchtigten den Alltag der ganzen Familie. Die Verhaltensauffälligkeit führt auch zu Problemen mit seinen Geschwistern und deren Freunden. Selbst langjährige Freunde haben sich von uns abgewandt. Manchmal bin ich enttäuscht von anderen Menschen und auch von unserem Sohn, obwohl der nichts dafür kann.*

Das Beispiel zeigt, wie schwerwiegend die Auswirkungen einer sozial-emotionalen Störung sind. Sie behindert Kinder im Aufbau und in der Pflege von Freundschaften und stört darüber hinaus die familiäre Atmosphäre.

Wenn das eigene Kind sozial-emotional verhaltensgestört ist, stellt dies eine enorme Belastung dar – für das Kind selbst, für sein Umfeld, für die Familie sowie für die Schule. Wenn beide Elternteile arbeiten, erhöht das die Belastung der Familie zusätzlich.

Eltern betroffener Kinder wünschen sich mehr Unterstützung durch den Staat und eine bessere Inklusion in die Gesellschaft, damit sie nicht auf der Strecke bleiben.

ADHS

ADHS (Aufmerksamkeitsdefizit-Hyperaktivitätsstörung) bezeichnet eine Verhaltensstörung von Kindern, Jugendlichen oder Erwachsenen, die durch Aufmerksamkeits- und Konzentrationsstörungen, Impulsivität und ausgeprägte körperliche Unruhe (Hyperaktivität) gekennzeichnet ist. Im Kindergarten fallen Kinder durch ihre Unfähigkeit zu ruhigen Beschäftigungen und ihre ausgeprägte Hyperaktivität auf. Sie können sich nicht konzentrieren und sind ständig in Bewegung.

Simone, 37:

Ich habe zwei Kinder. Meine Tochter ist 10 Jahre alt. Sie macht meinem Mann und mir viel Freude. Unser 7-jähriger Sohn ist unser Problemkind, er fiel bereits in der Kita mit Verhaltensabweichungen auf. Jetzt, als Schulkind, wird das zur täglichen Herausforderung. Er ist hyperaktiv-impulsiv, sozial unangepasst, querulantisch, akzeptiert kaum Autoritäten, geht regelmäßig in Opposition und Rebellion und widersetzt sich seinen Lehrern. Gegenüber seinen Mitschülern ist er aggressiv, nimmt ihnen etwas weg oder macht etwas kaputt. Auch in der Nachbarschaft eckt er an, keines der Kinder will mit ihm spielen und unsere Familie wird seinetwegen gemieden. Oft müssen wir uns auch von meinen Eltern und Schwiegereltern Vorwürfe gefallen lassen, ihn nicht richtig erzogen zu haben. Wir sind verzweifelt und schon seit geraumer Zeit mit ihm beim Kinderpsychologen, der ADHS diagnostizierte.

Es ist nicht leicht, ein Kind mit ADHS großzuziehen. Oft ist der Familienalltag von Konflikten geprägt und manchmal übt die Umgebung zusätzlichen Druck aus. Als Elternteil eines betroffenen Kindes wird man täglich herausgefordert, leistet mehr Erziehungsarbeit als andere Eltern, muss sich aber trotzdem so einiges anhören. Vielleicht kommen Ihnen folgende Kommentare bekannt vor:

- *„Die Eltern haben in der Erziehung versagt." „Die Eltern sind zu inkonsequent."*
- *„Das kommt davon, wenn man den Kindern alles durchgehen lässt."*
- *„Kein Wunder, dass das Kind so schwierig ist, die Mutter ist ja alleinerziehend."*

Nach vielen Jahrzehnten Forschung ist klar: Die Erziehung spielt eine wichtige Rolle bei der Entwicklung von ADHS betroffener Kinder, aber sie ist nicht die Ursache der Verhaltensauffälligkeit. Es gilt als gesicherte wissenschaftliche Erkenntnis, dass die ADHS-Symptomatik durch ein kompliziertes Zusammenspiel von Genen und Umweltbedingungen hervorgerufen wird.[37]

Ein Kind mit ADHS zu erziehen kann sehr anstrengend sein. Eltern wird viel Aufmerksamkeit abverlangt, das Verhalten des Kindes führt oft zu familiären Auseinandersetzungen und zu Problemen in der Schule. Gemessen an der Norm verhalten sich Kinder mit ADHS auffällig unkontrolliert und unruhig. Sie befolgen Anweisungen und Regeln nicht und sind manchmal aggressiv. Es ist daher völlig normal, dass Eltern bisweilen überfordert sind und gereizt bis wütend reagieren. Wichtig ist aber, sich immer wieder klarzumachen, dass sich das Kind nicht absichtlich so verhält.

Viele Familien entwickeln mit der Zeit Strategien, die im Alltag helfen. Es gibt verschiedene Methoden, die dabei unterstützen, den Tag gut zu strukturieren, Überraschungen zu vermeiden oder zumindest gut darauf vorbereitet zu sein.

Manche Eltern haben Bedenken, wenn es darum geht, klare Regeln aufzustellen, weil sie nicht zu autoritär oder streng sein wollen. Es geht aber eher darum, Rahmenbedingungen zu schaffen, durch die das Kind besser zurechtkommt.

Folgende Rahmenbedingungen sind hilfreich:

- *Routinen, klare Anweisungen und Regeln geben*
  Viele Eltern empfinden es als hilfreich, den Tag gut zu planen und zu strukturieren. Durch klare Routinen wissen die Kinder, was sie zu erwarten haben, und können sich besser darauf einstellen.
- *Realistische Ziele setzen*
  Um ein Kind nicht zu überfordern und keinen Frust hervorzurufen, ist es sehr wichtig, machbare Ziele zu vereinbaren. Sie sollten in kleinen Schritten angegangen werden und für das Kind umsetzbar sein.
- *Auf Reizsignale achten*
  Früherkennung von Reizüberflutung oder Überforderung des Kindes hilft, die Situation zu beherrschen, indem man eine Pause einlegt oder mit dem Kind die Umgebung wechselt.
- *Zu Sport und Bewegung motivieren*
  Beides ist für das Kind ein hilfreiches Ventil, um sich auszutoben und überschüssige Energie abzubauen.
- *Austausch und Unterstützung bei Selbsthilfegruppen suchen*
  Für manche Mütter und Väter ist der Austausch mit anderen Eltern von Kindern mit ADHS in einer Selbsthilfegruppe hilfreich. Sich helfen zu lassen und die Probleme aktiv anzugehen kann den Familienalltag deutlich erleichtern. So gelingt es eher, den nötigen Abstand und Freiraum zu schaffen, um das Kind so gut wie möglich unterstützen zu können.
- *Medikamentöse Unterstützung organisieren*
  Wenn die therapeutische Unterstützung nicht hilft, die Situation zu verbessern, kann es durchaus vertretbar sein, Kindern medikamentös zu helfen. Wenn ADHS unbehandelt bleibt, führt das häufig zu Misserfolg in der Schule, zu schlechteren, der Begabung nicht entsprechenden Noten, zu sozialer Isolation und zu erheblichen familiären Belastungen.

Ein Beispiel:

Christian ist heute 15 Jahre alt und geht in die zehnte Klasse einer Gesamtschule. Seit drei Jahren ist er dort – eine Konstante, die es vorher in seinem Leben nicht gab. Insgesamt zwei Jahre ging Christian überhaupt nicht in die Schule, weil er sich nicht anpassen konnte und von Schulleitungen als unbeschulbar eingestuft wurde. Bis zur neunten Klasse hat er sechs verschiedene Schulen besucht, weil er aggressiv war, auf Provokationen unkontrolliert reagierte, Lehrer beleidigte und mit Stühlen nach ihnen schmiss.

Nach einem Jahr muss Christian an seiner neuen Schule wieder die Klasse wechseln, weil er mit seinen Mitschülern nicht zurechtkommt. Sie provozieren ihn, weil er anders ist – und er reagiert immer wieder über, rastet aus, fühlt sich ungerecht behandelt.

Christians Eltern stellen sich die Frage, ob ihre Entscheidung gegen Medikamente richtig war oder ob sie ihrem Sohn seine Zukunft verbauen. Um die Familie ist es einsam geworden. Wenige haben Verständnis für diese Entscheidung, die nicht nur die Ehe der Eltern fast zerbrechen lässt. Wie sollen andere Menschen auch verstehen, wie der Alltag mit einem ADHS-Kind ist?

Das Beispiel zeigt, dass die Probleme trotz besten Willens, therapeutischer Unterstützung und Erziehungsberatung früher oder später überhandnehmen und sich die Frage nach einer medikamentösen Behandlung stellt.

Wenn die Not in der Familie – und vor allem beim betroffenen Kind – so groß geworden ist, dass alle bisherigen Maßnahmen nicht mehr ausreichen, dann kann es ggf. ein richtiger Schritt sein, sich mit dem Thema Medikamente auseinanderzusetzen. Dieser Weg sollte nur mit enger Begleitung eines fachkompetenten Arztes gegangen werden. Wird nach ausführlicher Diagnose und ärztlicher Beratung die Entscheidung für Medikamente getroffen, müssen Eltern kein schlechtes Gewissen haben. Schließlich geht es am Ende darum, dem Kind zu helfen und einen sehr belastenden Teufelskreis zu durchbrechen.

Behandelt werden die Betroffenen in der Regel mit Arzneimitteln aus dem Bereich der Stimulanzien. Das bekannteste und zugleich meist diskutierte ist das Präparat *Ritalin,* das in der öffentlichen Debatte einen zweifelhaften Ruf genießt und das Christians Eltern deshalb ablehnten.

Krisenmodus Pubertät

Die Pubertät der Kinder ist wie ein Sturm, der Eltern heimsucht. Während dieser Phase ist die Eltern-Kind-Beziehung im Umbruch und sie ist häufig gekennzeichnet von Übergriffen und Schuldzuweisungen, Unverständnis und Verletzungen.

Was Kinder als Freiheit verstehen, interpretieren Eltern als Rebellion. Eltern, so sehr sie sich auch bemühen, resignieren, weil sie es ihren Kindern nur selten recht machen können. Egal, was sie tun oder auch nicht, ihre Kinder fühlen sich entweder überbehütet oder schlimmstenfalls vernachlässigt, auf jeden Fall nicht verstanden. Eltern fragen sich: Wo ist es hin, das freundliche Wesen von einst?

Während der Pubertät sind Eltern und Kinder gestresst, die Kinder von der Schule, von nörgelnden Eltern, von nervigen Mitschülern und der ersten Liebe. Eltern sind gestresst, wenn sie das Gefühl haben, gegen eine Wand zu sprechen, wenn ihr Sohn oder ihre Tochter auf ihre Bitte aufzuräumen mit Lethargie reagiert. Die *Faulheit* pubertierender Kinder ist zwar in den meisten Familien der Pubertätskonflikt Nummer eins, aber keine beabsichtigte Rebellion. Dazu kommen *Stimmungsschwankungen*, die häufig zu Unverständnis und Überreaktionen der Eltern führen.

„Du bist die liebste Mama der Welt!" Viele Jahre lang dürfen sich die meisten Mütter über solche Liebesbezeugungen erfreuen – dann werden sie jäh vom Sockel gestoßen. Pubertät bedeutet Ablösung, und die kann Müttern ziemlich wehtun, vor allem, wenn sie sich bisher mit ihrem Kind eng verbunden fühlten. Doch der schmerzhafte Prozess ist unausweichlich.

Susan, 37:

> *Ich verstehe das nicht. ‚Ich hasse dich', hat meine Tochter mir letztens ins Gesicht gebrüllt und die Tür zugeknallt. Woher kommt plötzlich diese Wut? Wir konnten doch immer so gut miteinander reden.*

Mia, 42:

> *Ich komme an meinen Sohn nicht mehr heran. Früher hat er immer so viel erzählt beim Mittagessen. Und jetzt grummelt er vor sich hin und verschwindet so schnell wie möglich in seinem Zimmer.*

Die 13-jährige Lotta, das älteste Kind von Beatrix, einer Bankkauffrau, ist gut in der Schule und im Sport, nörgelt zu Hause aber permanent herum. Die Stimmungsschwankungen sind für die Mutter eine große Herausforderung, besonders wenn sie ihrer Tochter etwas verbietet. Einmal wurde sie von ihrer Tochter als „langweilige, frustrierte Ökotante" beschimpft, weil sie ihr verbot, bei 7 Grad Außentemperatur Shorts und ein bauchfreies T-Shirt zu tragen. Nie wolle sie so enden wie sie, protestierte ihre Tochter. Als ihre Mutter nachfragte, wie sie das meinte, schaute die Tochter sie mitleidig an und sagte: *„Weil du immer geblümte langärmelige Blusen trägst."*

Gefühlslabilität kennzeichnet die Pubertät. Empfindlichkeit wird von übertriebener Selbstkritik abgelöst. Von einem Tag auf den anderen werden Töchter nicht nur zickig, verschlossen, rücksichtslos und anmaßend, sondern auch herausfordernd und gelegentlich sogar unverschämt. Mütter können ein Lied davon singen: Wenn Töchter pubertieren, herrscht *Ausnahmezustand*. Körperlich und seelisch kündigen sich tiefgreifende Veränderungen an.

Pubertierende Töchter sind der Härtetest für Mütter: Wenn die Hormone verrücktspielen, werden aus netten Mädchen auf einmal aufmüpfige Teenager. Und die früher so fröhlichen Mädchen beginnen den Tag bereits mit Zickenalarm und schlechter Laune. Mit pubertierenden Töchtern unter einem Dach zu leben wird, speziell für Mütter, oft zum Alptraum. Tägliche Machtkämpfe sind an der Tagesordnung. Bei allem Verständnis für die schwierige Zeit der heranwachsenden Frauen müssen Mütter ihnen Grenzen setzen und die „Rote Karte" zeigen, wenn sie sich anmaßend oder unverschämt verhalten. Nur so können pubertierende Kinder lernen, dass auch Eltern Rechte, Freiräume und Werte haben, die sie zu respektieren haben.

Besonders schwierig wird die *Kommunikation* zwischen Eltern und pubertierenden Kindern. Verbal finden auch die meisten Übergriffe und Verletzungen statt. Wohlgemeinte Ratschläge der Eltern werden von pubertierenden Kindern als *Bevormundung* und *Übergriffe* empfunden, denn sie wollen erwachsen werden und selbst Entscheidungen treffen.

Eltern, die ihren pubertierenden Kindern ungefragt Ratschläge geben, bewirken, dass diese sich klein gehalten fühlen. Das, womit Eltern glauben, ihren Kindern Gutes zu tun, bewerten diese als *unerwünschte Einmischung*. Was falsch und was richtig ist, wissen angeblich die Freunde, mit denen man sich trifft. Angesagt ist, was bei dieser Gruppe als cool gilt. Der Autoritätsverlust und der tägliche Machtkampf sind für viele Eltern kräftezehrend und unerträglich.

Die Pubertät wird häufig als „schreckliche Phase" empfunden, durch die man „einfach durchmuss". Aggressionen, die man nie für möglich gehalten hätte, entladen sich und das Unverständlichste ist: Gerade der Elternteil, der die stärkste Bindung zum Kind hat, wird dann am heftigsten attackiert, und das ist in aller Regel die Mutter.

Die Pubertät ist eine Belastungsprobe für alle Beteiligten und ihre Beziehungen zueinander. Jugendliche wollen ihre eigene Identität entwickeln, sich von den Eltern abnabeln und vieles anders machen. Auf dem Weg zum Erwachsenwerden brauchen sie in dieser Phase des Umbruchs und der Unsicherheit ihre Eltern als Stütze und sichere Basis. Erziehung in der Pubertät ist für Eltern eine Gratwanderung zwischen Bindung und Loslassen, Kontrolle und Vertrauen, Grenzen setzen und Freiraum geben. Sie ist eine Herausforderung für die Eltern, die oft nicht wissen, wie sie mit ihren schwierig gewordenen Teenagern umgehen sollen.

Für Eltern, die sich in dieser Situation am Limit fühlen, kann es hilfreich sein, sich an folgende Regeln zu halten:

- Kommunikation ist alles: Hören Sie Ihrem Kind gut zu! Reden Sie mit ihm über das, was Ihr Kind beschäftigt. Bleiben Sie im Gespräch!
- Denken Sie zurück an Ihre eigene Pubertät! Dann fällt es Ihnen leichter, mit den Gefühlsschwankungen und Widersprüchen Ihres Kindes umzugehen.
- Teenager brauchen Regeln, aber lassen Sie ihnen auch Spielräume! Handeln Sie Kompromisse aus und treffen Sie Absprachen.
- Teenager müssen sich streiten können!
- Anerkennung und Wertschätzung tun Ihrem Kind gut und geben Sicherheit!
- Achten Sie die Privatsphäre Ihres Kindes.
- Respektieren Sie die Clique Ihres Teenagers.
- Vertrauen Sie Ihrem Kind, denn Vertrauen und Liebe sind die Grundlage, um Krisenzeiten zu meistern!
- Lassen Sie Ihr Kind mit zunehmendem Alter mehr Verantwortung übernehmen.
- Bleiben Sie gelassen.
- Zeigen Sie Präsenz und bleiben Sie beharrlich.
- Tauschen Sie sich mit anderen Eltern aus, z. B. im Elterngesprächskreis.
- Wenn Sie ratlos sind, wenden Sie sich an eine Erziehungsberatungsstelle. Expertentipps können hilfreich sein.

Dauerstress durch ein chronisch krankes Kind

Chronisch sind Krankheiten, bei denen eine länger oder lebenslang andauernde gesundheitliche Beeinträchtigung vorliegt und die man behandeln kann oder muss.

Die Überlastung der Mutter

Die gemeinsame Betreuung eines chronisch kranken Kindes ist für Eltern eine große Herausforderung. Um sie zu bewältigen, kommt es in vielen Familien zu einer stark ausgeprägten Arbeitsteilung: Die meisten Väter fühlen sich verantwortlich für das Familieneinkommen und überlassen ihren Frauen die Betreuung des kranken Kindes und den Haushalt. Sie entlasten sie auch kaum bei der Erziehung der gesunden Kinder.

Der Alltag mit einem kranken Kind hat besonders für die Eltern viele Facetten. Phasen mit viel Zuversicht werden abgelöst durch Zeiten, in denen es nicht mehr weiterzugehen scheint. Manche Eltern fühlen sich häufig am Limit, am Ende ihrer Kraft. So sehr ihnen ihr bedürftiges Kind am Herzen liegt, so sehr nimmt die Belastung zu, je älter es wird.

Da es meist die Mütter sind, die sich um ein chronisch krankes Kind kümmern, verändert sich ihr Leben besonders stark. Sie sind rund um die Uhr im Einsatz. Die Sorge um die Zukunft ihres Kindes ist ein zentrales Problem und nicht selten wird sie für viele betroffene Familien zum Lebensthema.

Der Einfluss auf die Paarbeziehung

Weil das kranke Kind enorm viel Zeit und Aufmerksamkeit benötigt, die für die Paarbeziehung fehlt, wird die Ehe der Eltern auf eine harte Probe gestellt. Sie haben kaum Zeit, um ihre Beziehung zu pflegen, sie „funktionieren“ nur noch, und am Ende bleiben die Gefühle füreinander auf der Strecke. Da die Mütter überlastet sind und sich von ihren Männern im Stich gelassen fühlen, kann das zur Entfremdung der Ehepartner und schlimmstenfalls zur Trennung führen.

Der Einfluss auf die Lebensgestaltung

Ein chronisch krankes Kind hat entscheidenden Einfluss auf die Lebensgestaltung der Eltern. Für viele Mütter bedeutet es, dass sie ihren Beruf aufgeben müssen, um die Rundum-Pflege und Förderung zu gewährleisten. Neben den zeitlichen Belastungen entstehen dadurch auch finanzielle Einschränkungen.

Pflegende Eltern sind in unserer Gesellschaft und auch in der Gruppe der pflegenden Angehörigen weitestgehend unsichtbar. Sie kämpfen im Alltag mit bürokratischen Hürden und müssen die Rechte ihrer Kinder in der Regel einklagen. Aufgrund fehlender Betreuungs- und Entlastungsangebote ist eine Erwerbstätigkeit neben der Pflege unmöglich. Deshalb sind die Eltern später oft von Altersarmut bedroht.

Der Einfluss auf Geschwister

Ein chronisch krankes Kind braucht viel Aufmerksamkeit. Das belastet die ganze Familie, auch gesunde Geschwister. Sie müssen damit leben, dass für sie und ihre Bedürfnisse kaum Zeit bleibt. Oft leiden sie auch unter finanziellen Einschränkungen, besonders wenn Mütter wegen der Pflege nicht mehr erwerbstätig sein können und von staatlicher Unterstützung leben müssen. Urlaube, Geburtstagspartys und Klassenfahrten sind dann nicht mehr möglich.

Geschwister chronisch kranker Kinder nennt man *Schattenkinder*. Das sind Kinder, die im Schatten ihrer Geschwister stehen und weniger Aufmerksamkeit und Zuneigung bekommen. Sie kommen oft zu kurz, weil ihre Eltern nicht genug Zeit und Kraft haben, um sich angemessen um sie zu kümmern. Schattenkinder werden oft emotional vernachlässigt, weil sich die Sorge der Eltern verständlicherweise um das kranke Geschwisterkind dreht. Das ist nicht nur schade, sondern auch tragisch, denn in die Kinderseelen schleichen sich Frust und Entbehrung ein, die sie Zeit ihres Lebens zeichnen.

In Familien mit chronisch kranken Kindern wachsen gesunde Geschwister unter besonders erschwerten Rahmenbedingungen auf, denn das Augenmerk wird meist auf das kranke Kind gerichtet. Die besondere Lebenssituation von gesunden Geschwistern wurde bislang in der Gesellschaft eher vernachlässigt. Wenn Eltern sich nur noch auf das kranke Kind konzentrieren und das gesunde Kind mit seinen Anstrengungen und Leistungen nicht mehr wahrnehmen, dann fühlt dieses sich nicht gewürdigt, übersehen und vergessen.

Paul, 12:

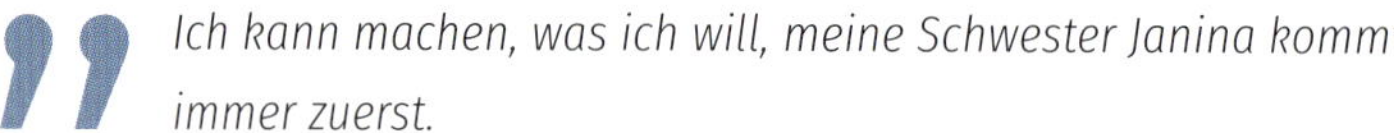

> „*Ich kann machen, was ich will, meine Schwester Janina kommt immer zuerst.*"

Geschwistern kranker Kinder wird ein Teil ihrer Kindheit genommen. Sie müssen immer vernünftig sein und häufig zurückstecken. Auch Paul geht es so. Er muss häufig aufräumen, was seine kranke Schwester durcheinandergebracht hat, immer wird gemacht, was Janina möchte, und häufig hat seine Mama keine Zeit für ihn, weil sie sich um Janina kümmern muss. Paul fühlt sich vernachlässigt. Manchmal ist er sauer, weil sich immer alles um seine Schwester dreht und ihm keine Beachtung und Zuwendung zuteilwird. Aber er merkt auch, dass seine Eltern oft gestresst sind. Um sie nicht noch mehr zu belasten, unterdrückt er nicht nur oft negative Gefühle, sondern übernimmt auch schon sehr früh Verantwortung und Betreuungspflichten.

Schattenkinder führen in ihren Familien nicht nur ein Schattendasein, sondern erleben auch, dass ihre kranken Geschwister oft idealisiert werden, indem nur ihre positiven Eigenschaften wahrgenommen werden. Deshalb versuchen sie, ein möglichst unkompliziertes Kind zu sein. Viele Geschwister kranker Kinder überfordern sich selbst, indem sie in der Schule und beim Sport über ihre Leistungsgrenzen hinausgehen, um über Leistung Anerkennung und Zuwendung ihrer Eltern zu bekommen, und sind frustriert, wenn das nicht anerkannt und gewürdigt wird.

Carolin, 15:

Ich habe eine zwei Jahre jüngere Schwester, die chronisches Gelenkrheuma hat und deshalb von meinen Eltern behandelt wird wie ein rohes Ei. Meine Eltern müssen sich viel um sie kümmern, mit ihr zu Ärzten, Physiotherapien und in Kliniken fahren, um Schübe und damit ein Fortschreiten der Krankheit zu verhindern. Dadurch muss ich oft zurückstecken. Alles richtet sich nach der Tagesform und dem Befinden meiner Schwester. Ich wurde schon früh in die Pflicht genommen, z. B. um Lena beim Anziehen zu helfen oder auf sie aufzupassen, wenn meine Eltern nicht da waren. Ich fühlte mich oft überfordert, wenn ich als Hilfe eingeplant wurde und als ältere Schwester immer vernünftig sein musste. Oft musste ich meine Bedürfnisse zurückstellen und darauf verzichten, mit meinen Freunden etwas zu unternehmen. Gewürdigt haben das meine Eltern aber nie, für sie war es normal, dass ich mich um meine kranke Schwester kümmere. Ich habe oft darunter gelitten, dass es immer um Lena ging und meine Eltern nicht gesehen haben, dass es mich auch noch gibt. Durch zu früh aufgetragene Pflichten fühle ich mich um einen Teil meiner unbeschwerten Kindheit betrogen.

Fühlen sich gesunde Geschwisterkinder dauerhaft übersehen, besteht das Risiko, dass sie sich zurückziehen oder bei Konflikten sehr empfindlich und kritikunfähig reagieren. Auch steht das gesunde Kind häufig als Hoffnungsträger der Familie unter einem enormen Leistungsdruck. Oftmals führt diese Überforderung zu Verhaltensauffälligkeiten und zu einer Gefährdung der psychischen Gesundheit.

Ein Beispiel aus meiner Konfliktberatung

Das Ehepaar Liane und Boris lebte auf der Sonnenseite des Lebens. Beruflich hatten sie alles erreicht, in ihrem neuen Haus fühlten sie sich wohl und die

Geburt ihres Sohnes Patrick machte ihr privates Glück perfekt. Sie waren sich einig im Wunsch nach einem zweiten Kind, einem Geschwisterchen für Patrick. Groß war der Schock, als nach der Geburt im Rahmen des Neugeborenen-Screenings bei ihrer Tochter Paula Mukoviszidose diagnostiziert wurde, eine chronische Erkrankung mit hohem Pflegebedarf.

Inzwischen ist Paula sechs Jahre alt. Unter den Belastungen durch ihre chronische Erkrankung hat die Ehe ihrer Eltern gelitten: Weil sich die Mutter sehr aufopferungsvoll um Paula kümmert, ist sie zu erschöpft, um noch etwas mit ihrem Mann zu unternehmen. Manchmal fühlt sie sich auch von ihm im Stich gelassen. Sie musste ihren Beruf aufgeben und unbewusst lässt sie deshalb ihren Frust an ihrem Mann aus. Der wiederum greift immer häufiger zur Flasche, bekommt beruflich kein Bein mehr auf den Boden und will nur noch, dass alles wieder so wird, wie es einmal war. Hinzu kommt, dass sich Paulas (gesunder) Bruder ins Abseits gedrängt fühlt, weil er zu wenig Aufmerksamkeit bekommt.

Dieses Beispiel steht für viele andere und zeigt, wie Eltern versuchen, mit der Dauerbelastung durch ihr chronisch krankes Kind fertigzuwerden, bis sie selbst spüren, dass sie an ihre Grenzen kommen, dass sie überfordert sind und dass unter dieser Last ihre Ehe leidet.

Hilfreich ist der Ratgeber „Mein chronisch krankes Kind. Wie ihr die Diagnose verdaut, schwere Zeiten meistert und als Familie stark bleibt“[38] von Bella Berlin, Autorin, Bloggerin, Dozentin und Mutter von zwei Kindern. Sie lebt mit ihrer Familie im ländlichen Brandenburg und hat den Ratgeber aus eigener Betroffenheit als Mutter ihrer chronisch kranken Tochter geschrieben, um zu zeigen, wie mit der chronischen Erkrankung eines Kindes umzugehen ist und was sich in der Eltern-Kind-Beziehung, in der Paarbeziehung, in der Familie, unter Freunden und im Umfeld verändert.

Wie alle Eltern hatte auch die Autorin bereits vor der Geburt ihres Kindes die Vorstellung von einer idealen Familie im Kopf. Aber sie musste die Erfahrung machen, dass die illusionäre Blase zusammenfällt, wenn eines der Kinder chronisch krank ist. Nicht nur das Familienbild verändert sich, sondern auch die Aufgaben als Mutter oder Vater. Oft gibt es auch Geschwister, die von nun an ebenso mit der Diagnose und den Folgen leben müssen. Bei Eltern, Geschwisterkindern, Großeltern, Verwandten und Freunden kommen Gefühle und Gedanken auf, mit denen vorher niemand gerechnet hat.

In ihrem Ratgeber beschreibt Bella Berlin aber auch, wie Eltern sich im Kampf um die Gesundheit ihres Kindes selbst nicht verlieren und wie sie ihr krankes Kind liebevoll begleiten. Sie zeigt auch, wie sich die Rollen in der Familie verändern und dass es eine enorme Hilfe und Entlastung im Alltag sein kann, die Unterstützung von Verwandten und Freunden anzunehmen.

4 Folgen der Überforderung

Elternsein geht an die Substanz: wenig Schlaf, kaum Erholung, im Dauerspagat zwischen Familie und Beruf. Permanente Überforderung führt zu psychischer Belastung und Angst, den Anforderungen nicht mehr standhalten zu können.

Die Corona-Krise hat viele Eltern überfordert. Ihre Belastung war enorm – gerade auch während der langen Monate des Homeschoolings im Lockdown. Die übergroße Belastung wurde in vielen Fällen erst mit Verzögerung wahrgenommen; der Punkt, als die eigene Grenze überschritten wurde, wurde oft übersehen.

Wie groß die Not überforderter Eltern ist, zeigen die rund 4.000 Anrufe pro Jahr, die beim Elternnotruf eingehen – von Eltern mit Alltagssorgen bis hin zu solchen, die nicht mehr weiterwissen. Rund ein Viertel der Eltern fühlt sich regelmäßig überfordert. Tendenz steigend. Ein häufiger Grund ist der Spagat zwischen Familie und Beruf. Die Arbeitsbelastung von Familien ist über die letzten dreißig Jahre gestiegen. Das hat Folgen.

Schuldgefühle und chronisch schlechtes Gewissen

Arbeit und Familie unter einen Hut zu bringen ist nicht immer einfach. Berufstätige Eltern machen sich das Leben oft schwer, weil sie sich an unerreichbaren Idealen messen (siehe „Die Illusion der Vereinbarkeit von Familie und Beruf", S. 16 ff.). Trotzdem verfolgt vor allem berufstätige Mütter ein *chronisch schlechtes Gewissen*.

In meinen Einzelcoachings mit berufstätigen Eltern habe ich folgende Äußerung immer wieder gehört: *„Ich fühle mich schlecht, schuldig, unzulänglich, mit allem alleingelassen."* Treffen diese Worte auch bei Ihnen einen Nerv? Worin könnte das begründet sein?

Besonders Mütter werden vom schlechten Gewissen geplagt, wenn sie nach der Geburt ihres Kindes ins Berufsleben zurückkehren. Sie fühlen sich ihrem

Kind gegenüber schuldig, weil sie wieder arbeiten gehen. Oft steht die Mutter mit diesem Konflikt allein da, denn die Väter haben keinerlei Gewissensbisse, trotz der Kinder arbeiten zu gehen. Selbst wenn berufstätige Mütter ihre Karriere und die Kinderbetreuung perfekt unter einen Hut bekommen, leiden sie häufig unter einem schlechten Gewissen. Das liegt vermutlich daran, dass Mütter, die sich dafür entscheiden, nicht zugunsten des Kindes auf die Karriere zu verzichten, aus dem Rollenbild ausbrechen, das leider immer noch fest in ihren Köpfen verankert ist. Nach dieser Vorstellung ist es die Aufgabe des Mannes, Geld zu verdienen, während die Frau zu Hause bleibt und sich um die Kinder kümmert (siehe „Die traditionellen Eltern", S. 39 f.). Diese Geschlechterrollen lassen sich leider gar nicht so leicht abschütteln.

In den seltensten Fällen sind es tatsächlich die Kinder, die ihren berufstätigen Müttern Vorwürfe machen und ein schlechtes Gewissen einreden. Meist sind es nämlich das direkte Umfeld und die Gesellschaft, die ihnen das Leben schwer machen, und zwar völlig unbegründet, denn Studien haben ergeben, dass es einen positiven Einfluss auf Kinder hat, wenn die Mutter arbeitet. In ihrer Publikation „Wie viel Mutter braucht das Kind?"[39] hat die deutsche Konrad-Adenauer-Stiftung (KAS) im Oktober 2015 deutlich gemacht, welche vor allem positiven Auswirkungen die Berufstätigkeit der Mutter auf das Wohlergehen ihres Kindes hat. Fazit: Kinder von arbeitenden Frauen haben in der Schule meist mehr Selbstvertrauen und eine höhere Leistungsmotivation. Zudem schaffen sie häufiger den Sprung ins Gymnasium. Mütter, die einem Beruf nachgehen und eine Karriere verfolgen, sind oft sehr starke Frauen, die eine Menge Disziplin aufbringen und ihren Kindern dadurch als gutes Beispiel vorangehen.

Von der besonderen Anfälligkeit für Schuldgefühle berichtet Barbara Steidl in ihrem Buch „Kann ich gleich zurückrufen? Der alltägliche Wahnsinn einer berufstätigen Mutter"[40]. Sie beschreibt den „alltäglichen Wahnsinn einer berufstätigen Mutter" und schildert eine typische Woche aus dem Leben einer Frau mit dreijährigem Sohn und 30-Stunden-Arbeitswoche.

Es ist tatsächlich der reine Wahnsinn, obwohl die Umstände ihrer Protagonistin vergleichsweise gut sind: Sie hat einen verantwortungsvollen Ehemann, der sich des Problems bewusst ist und mitmacht, wo er kann, sie hat keine Geldsorgen und auch sonst keine größeren Probleme. Und trotzdem ist ihr Leben eine reine Hetze. Mit genauem Blick schildert die Autorin die vielen kleinen Fallstricke der Unvereinbarkeit von „Beruf und Familie". Was mich am meisten deprimiert hat, ist das ständig präsente Schuldgefühl der Protagonistin: Schuldgefühle gegenüber den Kollegen, die ihretwegen flexibler sein müssen, gegenüber ihrer Putzfrau, gegenüber ihrer Mutter, die sie für Not-Kinderbetreuungseinsätze einspannt, gegenüber dem Ehemann, mit dem sie zu wenig Zeit verbringt, und gegenüber ihrem Kind, das sie ständig hetzen muss.

Fazit:

Mütter, die Familie und Job miteinander vereinbaren wollen, zahlen einen hohen Preis: Sie haben ein chronisch schlechtes Gewissen! Warum? Weil sie im Job perfekt und ihrem Kind die bestmögliche Mutter sein wollen. Sie geißeln sich mit Schuldgefühlen, wenn sie sich nicht an Bastelstunden beteiligen können und zum Kindergeburtstag gekauften Kuchen anbieten. Aber nicht nur berufstätige Mütter mit Partner, sondern auch alleinerziehende Mütter werden von Schuldgefühlen geplagt. Sie glauben oft, dass ihre Kinder ohne Vater schlechtere Lebenschancen hätten.

Das schlechte Gewissen der Mütter wird auch von Bildungspolitikern, Ärzten, Lehrern, den eigenen Eltern und Bekannten befeuert. Gerne redet man Müttern ins Gewissen, gibt ihnen ungefragt Ratschläge, nörgelt an ihrem Erziehungsverhalten oder ihrer Lebensgestaltung herum und schiebt ihnen die Schuld dafür in die Schuhe, wenn das Kind nicht so „funktioniert", wie Lehrer, Erzieher und Verwandte es gerne hätten.

Vielleicht ist es wichtig, dass Mütter sich bewusst machen, dass Schuldgefühle zu haben nicht heißt, tatsächlich schuld zu sein. Die meisten mütterlichen

Schuldgefühle basieren schließlich auf der bloßen Befürchtung, den allgegenwärtigen hohen Ansprüchen nicht gerecht zu werden.

Das schlechte Gewissen bewusst wahrzunehmen ist eigentlich schon der wichtigste Schritt, um sich von Schuldgefühlen und schlechtem Gewissen zu befreien. Darüber hinaus ist Folgendes hilfreich:

- Fragen Sie sich, ob Ihr eigener Anspruch überhaupt realistisch ist.
- Vertrauen Sie Ihrer Intention (Bauchgefühl) und seien Sie authentisch und einfach Sie selbst. Sagen Sie, wenn Sie müde sind, Kopfschmerzen oder schlechte Laune haben. Entschuldigen Sie sich bei Ihrem Kind, wenn Sie ihm Unrecht getan haben. Ihr Kind braucht keine Super-Mutter, sondern ein aufrichtiges Gegenüber zum Kuscheln, Lachen und Streiten!
- Verabschieden Sie sich von einem unzeitgemäßen Leitbild und vom verinnerlichten Mythos der „perfekten Mutter". Das befreit Sie von Druck und Schuldgefühlen.
- Hilfreich ist es, den Begriff *Schuld* durch *Verantwortung* zu ersetzen. Die Frage lautet dann nicht mehr: *„Bin ich schuld?"*, sondern: *„Wofür bin ich verantwortlich und wofür nicht?"* Schon dieser Perspektivwechsel bringt oft Erleichterung.
- Befreien Sie sich von Perfektionismus und davon, sich beweisen zu müssen. Das befreit Sie von Druck.
- Besonders in schwierigen Zeiten sollten Sie sich unbedingt vor Augen führen, was Sie schon alles geschafft haben: Welche Krisen haben Sie schon gemeistert? Was läuft gut in Ihrer Familie? Richten Sie Ihren Blick auf das Positive und würdigen Sie Ihre täglichen Leistungen!

Burn-out (Erschöpfungssyndrom)

Erschöpfung ist die Folge von chronischem Stress. Von akutem Stress spricht man, wenn es einen eindeutigen, zeitlich begrenzten Auslöser gibt, zum Beispiel die Erkrankung eines Familienmitglieds oder einen Unfall. Chronisch wird der Stress, wenn die Situation anhält oder eine akute Belastung auf die andere folgt, ohne Erholungspausen dazwischen. Wer mit chronischem Stress lebt, läuft Gefahr, ein Burn-out zu erleiden, das unerkannt und unbehandelt zur Depression führen kann.

Bekannt ist das Burn-out als Folge einer Überforderung im Berufsleben. Doch nicht nur der Job kann Ursache für ein Burn-out sein. Immer mehr Menschen fühlen sich durch die familiäre Belastung ausgebrannt.

Eltern am Limit – das ist nach wie vor ein Tabu, denn als Eltern an seine Grenzen zu kommen ist für viele mit Scham behaftet. Die „perfekten Eltern" glauben, alles im Griff haben und glücklich und zufrieden sein zu müssen. Dieser Mythos ist u.a. auch ein Grund dafür, dass erste Anzeichen eines Erschöpfungssyndroms zu spät erkannt werden.

Daneben trägt die Vorstellung vom Idealbild der Familie entscheidend zum elterlichen Burn-out bei. Stellen Sie sich ein Elternpaar vor, das Vollzeit arbeitet und zugleich drei Kinder täglich zu versorgen hat. Die Eltern eilen vom Job nach Hause, bringen die Kinder zum Sport, zum Musikunterricht oder zur Theatergruppe, bereiten das gemeinsame Abendessen vor, fragen nebenher Vokabeln ab und planen schon den Ablauf des nächsten Tages. Für manche stellt das vielleicht eine einfache Routine dar, aber nicht jeder ist so belastbar und so gut organisiert.

In manchen Familien sind schulische Dinge kein Problem, die Kinder sind sehr selbstständig. In anderen Fällen braucht der Nachwuchs hingegen viel Unterstützung. Trotzphasen, Schulprobleme oder die Pubertät der Kinder sind Herausforderungen, die in allen Familien vorkommen, sich im Einzelfall jedoch so zuspitzen können, dass das persönliche Limit der Eltern erreicht wird.

Aber nicht nur die Kindererziehung kann zum familiär bedingten Burn-out führen. Auch die Pflege von Angehörigen stellt Menschen vor Herausforderungen und führt an die persönliche Belastungsgrenze. Die Gefahr, in ein Burn-out zu rutschen, ist besonders groß, wenn im eigenen Denken nur noch die Bedürfnisse der Kinder oder die der zu pflegenden Angehörigen zählen und die eigenen vernachlässigt werden.

Das hat Folgen: Väter und vor allem Mütter, die die familiäre Hauptlast tragen, gehen plötzlich in ihrer Elternrolle nicht mehr auf. Das Elternsein, das für sie ein hohes Ideal war und das sie bestmöglich ausfüllen wollten, wird durch die massive Dauerbelastung zu einer nicht mehr zu bewältigenden Bürde. Sie erleben sich als ineffizient, reagieren übersteigert, erkennen sich vielleicht selbst nicht wieder und empfinden Schuldgefühle, weil sie glauben, schlechte Eltern zu sein. Die permanente Überlastung führt zu einem familienbedingten Burn-out. Im Extremfall ziehen sich Eltern zum Selbstschutz emotional zurück. Das kann sich beispielsweise dadurch zeigen, dass sie emotional distanziert und nicht mehr präsent sind, nicht mehr so aufmerksam zuhören und sich weniger dafür interessieren, was ihre Kinder erleben und empfinden. Dass es infolge eines Burn-outs zu einer solchen emotionalen Vernachlässigung kommen kann, fanden die Emotionspsychologin Moïra Mikolajczak und Isabelle Roskam von der Universität Louvain in Belgien heraus.[41]

Um einem Burn-out vorzubeugen, ist es wichtig, ein effizientes Frühwarnsystem zu entwickeln, um bereits die ersten Signale wahrzunehmen.

Kati, 32:

Wenn ich nur einen Moment mit dem Baby verbringen wollte, verlangte meine Älteste permanent nach Aufmerksamkeit. Ich war unglaublich genervt und musste mich ständig zusammenreißen. Wenn dann mein Mann nach Hause kam, explodierte ich und maulte ihn an. Meine permanente Überforderung, allem ge-

recht zu werden, führte nicht nur zu Paarproblemen, sondern auch dazu, dass ich irgendwann keine Kraft mehr hatte und mich völlig ausgebrannt fühlte. Ich war nicht mehr imstande, meine Aufgabe zu erfüllen. Erst eine Mutter-Kind-Kur führte mich aus dem Tief heraus, brachte mich auf den Weg der Selbstfürsorge und half mir, Grenzen zu setzen und Hilfe einzufordern. Ich lernte, dass Burn-out-Prävention bei mir selbst beginnt, nämlich damit, herauszufinden, was ich selbst brauche. Ich habe gelernt, mich ähnlich zu verhalten wie mit der Atemmaske im Flugzeug: Auch diese muss man zuerst sich aufsetzen, um für andere da zu sein. “

Insbesondere Mütter neigen dazu, Burn-out-Alarmanzeichen lange zu ignorieren. „Keine Zeit, die Familie braucht mich, ich muss funktionieren“ – so lautet dann die Ansage an sich selbst. Doch allzu lange kann das nicht gut gehen.

Wie beim beruflichen Burn-out liegen auch hier typischerweise drei Symptome vor. Zuerst kommt die Erschöpfung. Man fühlt sich leer, am Ende seiner Kräfte. Als Nächstes folgt die emotionale Distanzierung. Es fehlt an Energie, um sich zu engagieren. Man ist weniger aufmerksam, legt nicht mehr so viel Wert darauf, was Familienmitglieder erleben und empfinden. Irgendwann verliert man schleichend die Leistungsfähigkeit und die Identifikation mit der Elternrolle. Man geht nicht mehr darin auf, fühlt sich nicht mehr als guter Vater oder gute Mutter.

Der Drang, nicht nur im Job zu funktionieren, sondern auch in der Elternrolle perfekt zu sein, den Familienalltag zu managen und das Familienleben zu organisieren, stellt viele vor eine selbst gesetzte Herausforderung, die sie kaum bewältigen können. Das Problem: Es lässt sich nicht sagen, ab wann Belastungen zu groß werden, denn was der eine noch locker schafft, wirft andere um.

Was aber kann man tun, um ein Burn-out zu verhindern bzw. früh gegenzusteuern?

- Wichtig ist eine gute Selbstwahrnehmung, die es ermöglicht, rechtzeitig zu reagieren, bevor das Gefühl der Überforderung immer größer wird. Perfektionismus, soziale Isolation und fehlende Grenzen begünstigen ein Eltern-Burn-out. Gestehen Sie sich ein, wenn Ihnen etwas zu viel wird, und überlegen Sie, wie Sie familiäre Lasten anders verteilen können. Ist es möglich, die Großeltern mit einzubinden oder mit Freunden und Bekannten eine Vereinbarung zu treffen?
- Gefühle der Lustlosigkeit und Leere im Familienalltag sind Anzeichen, die man zum Anlass nehmen sollte, sich mit der eigenen Erwartung auseinanderzusetzen und zu lernen, sie zu reduzieren.
- Auch innere Unruhe, Schlafstörungen sowie das Gefühl von Hilflosigkeit und Überforderung gehören zu den typischen Anzeichen eines Burn-outs. Schaffen Sie deshalb Freiräume für sich.
- Scheuen Sie sich nicht, sich bei Beratungsstellen Hilfe zu holen. Oft kann der Blick von außen helfen, festgefahrene Situationen aufzubrechen und gemeinsam Lösungen zu erarbeiten. Der Vorteil von professioneller Hilfe liegt nebenbei bemerkt auch im festen Rahmen. Steht diese Art der Selbstfürsorge im Kalender, fällt sie nicht so leicht dem stressigen Alltag zum Opfer.
- *„Man kann nicht gleichzeitig hundertprozentige Berufsfrau, hundertprozentige Mutter, hundertprozentige Partnerin sein … dann wird man ein dreihundertprozentiges Wrack!“* (Renate Schmidt, SPD, ehemalige Familienministerin)

Aggression

Geduldig, freundlich, ermutigend und stets zu einem Späßchen aufgelegt – so sind die Eltern, die uns in der Werbung und in Filmen präsentiert werden und so wären wohl fast alle Mütter und Väter gerne in ihrem Alltag. Doch die Realität sieht oft ganz anders aus. Da weiß man vor lauter Verpflichtungen zuweilen kaum mehr, wo einem der Kopf steht. Tanzt dann auch noch der Nachwuchs auf den Nerven herum, reicht oftmals eine Kleinigkeit, damit den Eltern der Kragen platzt.

Kinder zu erziehen ist eine anstrengende und mühsame Aufgabe. Auch wenn es sehr viele schöne Momente gibt – niemand kann einen darauf vorbereiten, wie anstrengend es manchmal werden kann. Kein Wunder also, dass es in der Erziehung auch mal zu destruktiven Gefühlen wie Wut und Aggression kommt. Ist der Tag ohnehin schon mies gelaufen, verlieren Eltern häufig die Selbstbeherrschung und es kommt, wie es kommen muss: Die Eltern schreien sich gegenseitig oder ihre Kinder an.

Im ersten Moment fühlt sich das befreiend an, im zweiten Moment aber meldet sich das schlechte Gewissen: Habe ich jetzt in meiner Elternrolle total versagt?

Linda, 37:

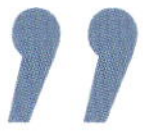

Ich bin berufstätige, alleinerziehende Mutter von 7-jährigen Zwillingen, die ich über alles liebe und denen ich ein liebevolles Zuhause bieten möchte. Während der Corona-Lockdowns mit Homeoffice und Homeschooling war ich oft so überfordert und am Ende, dass ich meine Kinder nur noch angebrüllt habe. Ich hasse mich dafür, denn ich weiß, dass Schreien auch Aggression ist. Obwohl mir klar war, dass das alles nur verschlechtert, konnte ich nicht anders. Was folgte, war ein schlechtes Gewissen.

Die Überforderung der Eltern sucht sich ein Ventil und verwandelt sich häufig in Aggression, besonders, wenn Eltern in belastende Stresssituationen geraten: Familienkrisen, Ehekonflikte, berufliche Misserfolge, wirtschaftliche Not oder Arbeitslosigkeit.

Eltern in Extremsituationen geben den Druck unbewusst an ihre Kinder weiter. Nicht immer kommt es bei Überforderung zu häuslicher Gewalt in Form gewalttätiger Übergriffe, häufiger äußern sich Aggressionen in Form von Anschreien. Aber auch das ist eine Form der Gewalt, die zumindest auf Kinder beängstigend wirkt. Wer einmal von einem lieben Menschen angeschrien wurde, weiß, wie sehr es einen erschreckt, verletzt, verunsichert, wie lange es nachhallt und welche Narben es reißt. Dennoch kommt es vor, und wie Lindas Beispiel zeigt, ist Aggression in Familien kein Merkmal „prekärer Familienverhältnisse", sondern zieht sich durch alle Milieus.

Die meisten Eltern fühlen sich nach einem Wutausbruch nicht besser, sondern schlechter und werden von Schuldgefühlen überwältigt. Ist im Anschluss Ruhe und die Kinder sind endlich still, kann sich das zwar für einen kurzen Augenblick gut anfühlen, weil sie ihren Kindern eine klare Grenze gesetzt haben. Machen Sie sich aber klar, dass die Kinder in der Regel nur deshalb ruhig sind, weil sie Angst haben.

Der elterliche Kontrollverlust ist auch deshalb schwierig, weil er auf die Kinder abfärbt, denn je öfter Eltern ihre Kinder anschreien, desto schwieriger wird die Beziehung. Es kommt zur Gegenreaktion – zugeknallten Türen, heftigen Wutausbrüchen und Destruktivität in Form von Sachbeschädigung.

Die Auswirkungen verbaler Gewalt können massiv sein. Forscher der University of Pittsburgh in den USA untersuchten in einer Studie, welche Auswirkungen es für Kinder hat, wenn sie angeschrien werden. Erschreckenderweise leidet die Psyche bei verbalen Angriffen in ähnlichem Maß wie bei körperlichen. Der Satz „Schreien ist wie Schlagen" hört sich zwar drastisch an, ist jedoch nicht von der Hand zu weisen. Körperlicher und seelischer Schmerz haben mehr als nur den Begriff gemeinsam: Sie lösen auch im Gehirn in mindestens zwei gemeinsamen Bereichen Aktivität aus, wie ein Experiment der Forscher zeigt. Demnach sind die Verarbeitungsprozesse bei seelischer Gewalt die gleichen wie bei einem rein körperlichen Schmerzreiz.[42]

Fest steht ferner, dass die Folgen bis ins Erwachsenenleben anhalten können. Kinder, die in der Familie körperliche oder psychische Gewalt in Form von häufigem Schreien erfahren haben, neigen eher zu Depressionen und weisen meist ein schwach ausgeprägtes Selbstbewusstsein auf. Folgen für die Gesundheit sind also nicht nur auf einen kurzen Zeitraum begrenzt, sondern können dauerhaft bestehen.

Aber nicht nur Überforderung führt zur Aggression, sondern auch Alkohol. Durch Enthemmung verlieren alkoholisierte Eltern die Kontrolle über ihr Verhalten. Schon ein „schräger Blick“ einer anderen Person kann unter Alkoholeinfluss schnell als feindselig oder bedrohlich wahrgenommen werden. Weil die Selbstregulation geschwächt ist, kann es zu Grenzüberschreitungen kommen.

Wie lässt sich Aggression als Folge von Überforderung verhindern?

Wichtig ist zunächst, sich als Eltern die Ursachen für die Aggression und den Verlust der Impulskontrolle klarzumachen. Wahrscheinlich ist es so, dass Sie wütend werden, wenn Sie eine Situation als überfordernd erleben und Mühe haben, angemessen darauf zu reagieren. Verschiedene Faktoren können zu diesem Gefühl der Überforderung beitragen. Manchmal reicht schon ein einziger Anlass, um die Fassung zu verlieren, oft spielen jedoch mehrere Faktoren eine Rolle:

- *Übermüdung:* Bekommen Sie Nacht für Nacht zu wenig Schlaf und haben Sie auch tagsüber kaum Gelegenheit für ein Nickerchen, liegen die Nerven bald blank.
- *Ungestillte Bedürfnisse:* Das kann im Kleinen der Fall sein, etwa wenn Sie hungrig oder durstig sind und keine Zeit für eine Pause haben, oder

aber im Großen, etwa wenn Sie der Familie zuliebe immer wieder zurückstecken und kaum mehr die Möglichkeit haben, eigene Interessen zu pflegen.

- *Stress:* Ihr Jüngster ist mitten im „besten" Trotzalter, Ihre Große kommt zu spät zur Schule, im Job türmen sich die Aufgaben, am Vortag hatten Sie Streit mit Ihrem Partner und dann geht auch noch die Waschmaschine kaputt. Kein Wunder, dass Ihnen alles zu viel wird.
- *Kränkung des Selbstwertgefühls:* An guten Tagen mögen Sie es locker wegstecken, wenn Ihr Kind Sie als „doof" beschimpft. An schlechten Tagen aber tut es einfach nur weh – erst recht, wenn das Kind auch noch die Zunge rausstreckt.
- *Hilflosigkeit:* Geraten Sie in einer Situation immer wieder an Ihre Grenzen, sodass Sie sich irgendwann nicht mehr zu helfen wissen, braucht es oft nur noch den sprichwörtlichen Tropfen, um das Fass zum Überlaufen zu bringen.
- *Schmerzen:* Bei körperlichen Beschwerden fällt es schwer, in schwierigen Situationen Ruhe zu bewahren.
- *Ängste:* Wer sich bedroht fühlt oder von Angst geplagt wird, reagiert oft mit Wut.

Entlastend könnte folgender Gedanke sein: Es geht nicht darum, immer liebevoll, leise und sanft zu vermitteln. Eltern dürfen laut werden, genervt und verärgert sein, aber sie dürfen ihre Kinder nicht anschreien und ihnen damit das Gefühl geben, dass sie schuld sind, dass ihre Eltern so wütend sind. Eltern dürfen ungehalten reagieren: *„Verdammt, das ärgert mich jetzt!"* Sie dürfen auch mal eine Tür zuknallen. Aber ein Kind anzuschreien ist *verbale Gewalt*, die wehtut und tiefe Spuren und Narben hinterlässt.

Wie ist es möglich, Impulse zu kontrollieren und Aggressionen zu bewältigen?

Zum Abbau von Aggressionen gibt es verschiedene Ansätze. Dabei geht es zunächst darum, aufgestaute Emotionen und Energie abzubauen, anstatt sie zu unterdrücken. Allerdings sollte Aggression nur so abgebaut werden, dass dabei niemandem Schaden zugefügt wird.

Um sein Verhalten zu verändern, ist Disziplin erforderlich. Folgende Möglichkeiten zur Aggressionsbewältigung stehen Ihnen zur Verfügung:

- sportliche Aktivitäten, z. B. Ausdauertraining oder gegen einen Boxsack schlagen
- Entspannungstechniken, z. B. Atemübungen, Progressive Muskelrelaxation, Achtsamkeitsübungen, Autogenes Training, Yoga
- ablenkende Verhaltensweisen, z. B. Raumwechsel, Gesprächsthema ändern
- Schreien (Urschrei) in geeigneter Umgebung, z. B. im Wald

Als professionelle Möglichkeiten stehen zur Verfügung:

- Antiaggressionstraining
- Psychotherapie, um Ursachen zu erkennen und neue Strategien zu erlernen

Resignation

Jeder Mensch hat seine eigene Belastungsgrenze. Irgendwann ist diese erreicht. Ein Zustand der Alarmbereitschaft kann nicht unbegrenzt aufrechterhalten werden, vielmehr mündet er irgendwann in Erschöpfung, Hoffnungslosigkeit, Resignation und Kapitulation.

Wer resigniert, fügt sich in das scheinbar Unabänderliche, hat keine Hoffnung mehr, dass sich an seiner Lage etwas ändern wird bzw. dass er etwas bewirken kann. Das betrifft immer häufiger auch Eltern, die mit Berufstätigkeit und Familie überfordert sind. Viele haben keine Hoffnung mehr, dass sich an ihrer Lage etwas ändern wird bzw. dass sie selbst etwas bewirken oder verändern können, und unternehmen infolgedessen nichts mehr, um ihre Situation zu verbessern.

Ihre Frustration und ihre Resignation zeigen sich z. B. in einem hemmenden Gefühl, das ausbremst und verhindert, positiv in die Zukunft zu blicken. Auf Dauer kann dieser Zustand krank machen, deswegen sollte alles unternommen werden, um aktiv dagegen anzukämpfen und dem Teufelskreis aus Frustration und Hoffnungslosigkeit zu entkommen.

Malu, 41:

„*Ich war durch Beruf (Sonderschullehrerin), Familie und ein ADHS-Kind so geschafft, dass ich irgendwann kein Licht mehr am Ende des Tunnels sah und über lange Strecken nur noch irgendwie funktionierte, bis ich irgendwann in Resignation und Hoffnungslosigkeit versank.*

Ich empfand mich dieser Situation hilflos und ohnmächtig ausgeliefert, wurde immer antriebsschwächer und habe mich irgendwann in das scheinbar Unabänderliche gefügt, weil ich keine Kraft mehr hatte, etwas zu tun, was die Situation hätte verbessern können.“

Malu fühlt sich ihrer Situation hilflos ausgeliefert und sieht keinen Ausweg. Das führt zu einem Ohnmachtsgefühl und in der Folge zur Resignation. Wenn ein solcher Zustand länger andauert, führt das zum Erlahmen von Eigeninitiative und Mut, und das wiederum kann zu Passivität und Selbstaufgabe und schlimmstenfalls zu einer Depression führen.

Die folgende Geschichte zeigt, dass das scheinbar Unerreichbare doch erreicht werden kann:

Der taube Frosch

Eines Tages entschieden die Frösche, einen Wettlauf zu veranstalten. Um ihn besonders schwierig zu gestalten, legten sie als Ziel den höchsten Punkt eines großen Turmes fest. Am Tag des Wettlaufs versammelten sich viele andere Frösche, um zuzusehen. Dann endlich – der Wettlauf begann! Nun war es so, dass keiner der zuschauenden Frösche wirklich glaubte, dass auch nur ein einziger der teilnehmenden Frösche tatsächlich das Ziel, die Spitze des Turmes, erreichen könnte. Statt die Läufer anzufeuern, riefen sie also: *„Oje, die Armen! Sie werden es nie schaffen!"*, *„Das ist einfach unmöglich!"* oder *„Das schafft ihr nie!"*. Und wirklich schien es, als sollte das Publikum recht behalten, denn nach und nach gaben immer mehr Frösche auf. Das Publikum schrie weiter: *„Oje, die Armen! Sie werden es nie schaffen!"* Immer mehr Frösche verließ die Kraft und sie gaben auf. Aber ein Frosch kletterte unverdrossen immer weiter und erreichte als Einziger das Ziel. Die Zuschauerfrösche waren vollkommen verdattert und wollten von ihm wissen, wie das möglich war. Einer der anderen Teilnehmerfrösche näherte sich ihm, um zu fragen, wie er es geschafft hätte, den Wettlauf zu gewinnen. Da erst merkte er, dass dieser Frosch taub war!

(Verfasser unbekannt)

Was ist aus der Frosch-Geschichte zu lernen?

Manchmal kann es eine gute Strategie sein, sich gegenüber demotivierenden Kommentaren anderer taub zu stellen und den Glauben an sich selbst nicht aufzugeben. Egal, wie aussichtslos die Situation auf den ersten Blick erscheinen mag, eine starke Selbstmotivation verhindert, dass man aufgibt.

Wer aufgibt – aus welchen Gründen auch immer –, hat schon verloren, denn indem er resigniert, verliert er die Kontrolle über die Situation. Stattdessen ist es sinnvoll, Engagement zu entwickeln und kreative Möglichkeiten zu prüfen. Fragen Sie sich, was Sie tun können und wer Sie in Ihrer Lage unterstützen kann. Diese aktive Herangehensweise an schwierige Situationen gibt Ihnen neue Kraft und Energie.

Wichtig ist mir, darauf hinzuweisen, dass es Probleme im Leben geben kann, die so schwerwiegend sind, dass man in eine Resignation verfällt, die nicht in einer scheinbaren Unabänderlichkeit begründet ist, sondern in harter Realität. Zum Beispiel kann eine schwere Erkrankung Betroffenen jede Hoffnung nehmen und ihnen den Boden unter den Füßen wegziehen. In diesem Fall kann *Akzeptanz* ein geeigneter Bewältigungsmechanismus sein, um mit dieser unabänderlichen Situation umzugehen. Dahinter steht die Einstellung, dass man schicksalhafte Ereignisse nicht ändern kann und akzeptieren muss.

Depression

Chronische Überforderung führt zunächst zum Burn-out und das kann, wie schon erwähnt, unerkannt und unbehandelt zur Depression führen. Mütter sind davon häufiger betroffen als Väter, weil sie stärker unter dem Druck leiden, perfekt sein zu müssen. Mütter neigen dazu, sich zu vergleichen, und fühlen sich gestresst, wenn sie beobachten, dass andere Mütter offenbar alles schaffen, was ihnen selbst nicht gelingt.

Nach außen wird der Schein gewahrt: Beruf, Haushalt und Kinderbetreuung werden unter einen Hut gebracht, um den (eigenen) hohen Erwartungen gerecht zu werden. Tatsächlich aber ist da die ständige Erschöpfung. Tagsüber ist man müde, kann aber nachts nicht schlafen – ein Zustand der inneren Unruhe und Gereiztheit, der jede Form von Konzentration torpediert. Hinzu kommt das Gefühl, in einem Hamsterrad zu sein, aus dem es keinen Ausstieg gibt: *„Ich kann nicht mehr, ich könnte einfach nur heulen, aber ich muss ja weitermachen."*

Eine Depression ist mehr als anhaltend schlechte Laune oder eine depressive Phase. Sie ist ein über Wochen anhaltender Zustand der Niedergeschlagenheit, Traurigkeit, Antriebslosigkeit und Perspektivlosigkeit. Oft kommen weitere Symptome wie Appetitlosigkeit oder Konzentrations- und Schlafstörungen dazu. Betroffene merken sehr deutlich, wie die Erkrankung ihr Denken, Fühlen und Handeln beeinflusst, und leiden darunter.

Wie bei anderen psychischen Krankheiten ist auch bei Depressionen fachliche Hilfe unausweichlich.

Sarah, 39:

Eines Tages spürte ich, dass ich mit Beruf und Familie am Ende war, dass nichts mehr ging und ich nur noch unendlich müde war. Ich sah meine Kinder an und wollte mich nur noch verstecken. Ihre Fröhlichkeit strengte mich an. Ich fühlte nichts außer unendlicher Erschöpfung und Aussichtslosigkeit und hatte auf gar nichts mehr Lust. In mir war kein Funken mehr an Energie. Es gab Tage, an denen ich mich sterbenskrank fühlte, obwohl ich eigentlich kerngesund bin. Am liebsten hätte ich mich im Bett verkrochen, für meine drei Kinder musste ich aber funktionieren, ich wollte ja, dass es ihnen gut geht. Mich belastete aber immer die Frage, wie ich ihnen mit diesen endlosen dunklen Wolken im Kopf bloß eine gute Mutter sein kann.

Janina, 41:

Ich bin alleinerziehende, berufstätige Mutter von zwei Kindern (8 und 10 Jahre alt) und spürte von einem Tag auf den anderen, dass alles anders war. Es fühlte sich so an, als sei in mir ein Stecker gezogen worden. Ich erlitt einen Zusammenbruch, weil mir alles zu viel wurde mit Kindern und Beruf. Die Diagnose lautete:

schwere Depression. Ich war sehr erschöpft und traurig, ertrug nichts mehr – weder die Kinder noch den Hund. Ich war einige Wochen in der Klinik und danach in der Reha. Meine Kinder wurden von der Familienhilfe betreut.

Beide Beispiele sind symptomatisch für Frauen, die viele Rollen gleichzeitig erfüllen müssen. Sie müssen im privaten und im beruflichen Umfeld erfolgreich sein und alles gut schaffen. Sie gehen häufig über ihre Grenzen und oft dauert es lange, bis sie professionelle Hilfe in Anspruch nehmen. Stattdessen suchen sie oft andere Gründe dafür, dass sie so erschöpft sind. Schließlich gibt niemand gerne zu, mit dem eigenen Alltag überfordert zu sein. Damit beginnt oft der Teufelskreis des Burn-outs, der in die Depression und damit in eine Situation führt, in der nichts mehr geht.

Um einer Depression zu entkommen, kann auch eine „Eltern-Kind-Kur" hilfreich sein (bis dato nur in Deutschland möglich, in Österreich gibt es derzeit nur einige Pilotprojekte). Solche Kuren kann man bei der Krankenkasse beantragen. Auch das Müttergenesungswerk bietet sie in entsprechenden Sanatorien oder Kurkliniken an. Am Meer oder in den Bergen können Eltern sich abseits vom Alltag ganz auf sich selbst konzentrieren. Während ihre Kinder tagsüber durch pädagogisches Fachpersonal betreut werden, erhalten Eltern einen Therapieplan, der vor allem darauf ausgerichtet ist, die Gesundheit zu stärken und wieder Kraft zu bekommen. Zentral ist dabei der Aspekt, sich zu überlegen, wie neue Strukturen oder Wege aus dem belastenden Alltag aussehen könnten. Der persönliche Therapieplan umfasst medizinische Angebote, Physiotherapie, Entspannungs- und Bewegungstherapie, aber auch Einzel- oder Gruppengespräche mit Therapeuten sowie kreative Angebote. Die Kuren finden in festen Gruppen statt und werden auf die Bedürfnisse von Eltern ausgerichtet. Hier findet man Zeit sich auszutauschen und seine Erfahrungen miteinander zu teilen. Oft entsteht dabei eine große Entlastung, denn Betroffene merken, dass sie mit ihrer Situation nicht allein sind.

Teil 2

Konflikte erfolgreich meistern

1 Elternglück trotz Stress und Überforderung

Wege zu innerer Balance

In Balance zu leben bedeutet, in seelischem Gleichgewicht zu leben, und bezieht sich auf das Zusammenspiel von Körper, Geist und Seele. Ist die Balance gestört, reagiert unser Körper mit Störungen (Krankheiten). Am ehesten gelingt es uns, in Balance zu leben, wenn wir das Leben führen können, das uns entspricht, und wir über Ressourcen verfügen, um schwierige Zeiten zu überwinden. Was aber geschieht, wenn Körper, Geist und Seele aus dem Gleichgewicht geraten?

Mir ist das Bild einer Standwaage schon oft zu einem hilfreichen Beispiel geworden. Eine Standwaage kennen wir alle von Marktständen: ein Ständer in der Mitte und rechts und links zwei Waagschalen in Balance. Wenn wir aus dem seelischen Gleichgewicht geraten, dann ist es wie bei einer solchen Waage: Eine Schale bekommt Übergewicht, sie ist mehr belastet als die andere, und die Waage gerät aus dem Lot. Wenn uns Überforderung, Sorgen, und Ängste und Stress belasten, dann gerät unsere Seele aus dem Gleichgewicht. Was aber bringt die Seele wieder ins Gleichgewicht? Um die Seele wieder ins Gleichgewicht zu bringen, müssen die Psychofallen erkannt werden, die den jeweiligen Stress auslösen.

Erkennen von Psychofallen

Eltern, die sich am Limit fühlen, leiden unter verschiedensten Arten von Überforderung (siehe „Quellen der Überforderung", S. 56 ff.). Sie klagen z. B. über Probleme bei der Vereinbarkeit von Beruf und Familie (siehe „Die Illusion der Vereinbarkeit von Familie und Beruf", S. 16 ff., und „Illusionäre Vorstellungen von Elternschaft und Familienleben", S. 25) oder über Schuldgefühle, weil sie sich zu wenig um ihre Familie kümmern können.

Die häufigsten Psychofallen von Eltern sind:

- *Eltern müssen alle Kinder gleich lieben:* Auch wenn Eltern diesem Anspruch genügen möchten, werden sie immer wieder feststellen, dass das gar nicht geht.
- *Eltern sind für die Harmonie in ihrer Familie verantwortlich:* Auch das ist eine Psychofalle, denn tatsächlich müssen alle Familienmitglieder auf familiäre Harmonie bedacht sein.
- *Eltern dürfen nicht Nein sagen:* Eltern, die das glauben, sind meist beliebt, aber wenig respektiert. Sie werden ausgenutzt, merken das zu spät, können sich dann schlecht wehren und werden irgendwann von ihren Kindern dominiert.
- *Eltern müssen perfekt sein und alles richtig machen:* Perfektionistische Eltern überfordern sich, ohne ihrem Anspruch je gerecht werden zu können. Am Ende sind sie nur frustriert.
- *Eltern müssen Opfer bringen und auf eigene Interessen verzichten:* Diese Gedankenfalle macht Eltern zu Opfern. Eltern müssen etwas für sich tun, damit sie ihren seelischen Akku wieder aufladen, um ihren anspruchsvollen Aufgaben nachkommen zu können.
- *Eltern sind verantwortlich für die Entwicklung ihrer Kinder:* Das ist nur bedingt richtig, denn die Entwicklung ist u. a. auch von den Genen, vom sozialen Umfeld, z. B. von Freunden und von der Schule, abhängig.

Alle diese Psychofallen haben Eltern sich selbst geschaffen. Sie sind nun ihre eigenen Gefangenen.

Mit kritischer Selbstreflexion werden Sie die Psychofallen erkennen, in die Sie getappt sind. Das ist die Voraussetzung, um sich von ihnen befreien zu können.

Hilfreich könnte dabei eine Geschichte des chinesischen Dichterphilosophen Tschuang-tse sein, der gegen Ende der Blütezeit der chinesischen Philosophie um 250 v. Chr. lebte:

Es war einmal ein Mann, den verstimmte der Anblick seines eigenen Schattens so sehr, der war so unglücklich über seine eigenen Schritte, dass er beschloss, sie hinter sich zu lassen. Er sage sich: Ich laufe ihnen einfach davon. So stand er auf und lief davon. Aber jedes Mal, wenn er seinen Fuß aufsetzte, hatte er wieder einen Schritt getan, und sein Schatten folgte ihm mühelos. Er sagte zu sich: *„Ich muss schneller laufen."* Also lief er schneller und schneller, lief so lange, bis er tot zu Boden sank. Wäre er einfach in den Schatten eines Baumes getreten, so wäre er seinen eigenen Schatten losgeworden, aber darauf war er nicht gekommen.[43]

Befreiung von Mythen

Um sich von Überforderungen und Belastungen zu befreien, sollten sich Eltern vom Mythos der *„heilen Familie"* und der *„perfekten Eltern"* verabschieden, denn sie sind Trugbilder paradiesischer Verhältnisse, die es in der Realität nicht gibt.

Der Mythos der heilen Familie hat seine Wurzeln im natürlichen Bindungswunsch sowie im Wunsch nach Sicherheit und Urvertrauen des Menschen. Es ist der Wunsch nach einem Ort, an dem man sein darf, wie und wer man ist, ohne sich verstellen zu müssen. Die klischeehafte Versinnbildlichung dieses Wunsches ist noch immer das klassische Bild der Familie mit Vater, Mutter und Kind (siehe „Die traditionellen Eltern", S. 39 f.) – wie es auch die Werbung vermittelt. Diese Idealisierung findet ihre Fortsetzung in den perfekten Familieninszenierungen in den sozialen Medien.

Wer kann schon behaupten, rundum glücklich und zufrieden mit seinen Eltern und seiner Familie zu sein? Das ist schon deshalb selten, weil Eltern Menschen und damit fehlbar sind. Dauerharmonie ist Wunschdenken und ein paradiesischer Zustand, den es nur im Himmel gibt. Wirft man einen realistischen Blick auf Familien, muss man leider feststellen, dass Eltern-Kind-Beziehungen unter Mythen und Idealisierungen leiden.

Obwohl sich alle eine Familie als Hort der Geborgenheit, des Verstanden-Werdens, des Angenommenseins und der Harmonie wünschen, entstehen gerade hier die nachhaltigsten Verletzungen, die zu Unverständnis, Vorwürfen und Entfremdung führen, jede Menge Kraft kosten und alle Familienmitglieder betreffen und belasten. Die Verstrickungen können so gravierend sein, dass sie aus eigener Kraft nicht aufgelöst werden können. Perfekte oder ideale Eltern sind letztlich eine Fiktion in unseren Köpfen.

Der 2019 verstorbene Familientherapeut Jesper Juul schrieb in seinem Buch „Die kompetente Familie. Neue Wege in der Erziehung“[44], im Beruf könne Perfektionismus funktionieren. Beziehungen bringt man damit um – ist das Plädoyer des dänischen Familientherapeuten. Wer perfekt sein will, lasse seinen Kindern im Prinzip nur zwei Möglichkeiten: sich den Eltern zu unterwerfen oder sie zu bekämpfen. Eine gleichwertige Beziehung sei dann unmöglich.

Der Familientherapeut bekennt, selbst ein schrecklicher Vater gewesen zu sein: wütend, frustriert und zutiefst überfordert. Sein Sohn ist trotzdem erwachsen geworden und heute selbst Vater eines kleinen Jungen. Juul berichtet auch, dass er, der so viel über Erziehung, Kinder und Familien weiß, immer wieder Fehler im Umgang mit seinem Enkelsohn macht – und auch immer wieder viel von dem Kleinen lernt. Er sei nicht perfekt und werde es niemals sein. Die Tatsache, dass er dazu steht, macht ihn in den Augen vieler Eltern glaubwürdig und sympathisch. Sein Credo: Kinder brauchen keine perfekten Eltern, sondern liebevolle Mütter und Väter, die an ihren Aufgaben wachsen, sich selbst nicht vergessen und ihr Leben lang an der Seite ihrer Söhne und Töchter bleiben.

Realistische Selbsteinschätzung

Selbsteinschätzung ist die Fähigkeit, sich selbst mit seinen Charaktermerkmalen, Stärken, Schwächen, Schlüsselqualifikationen und Kompetenzen realistisch einzuschätzen und sich nicht so zu sehen, wie man sein möchte, sondern so, wie man ist.

Eine realistische Selbsteinschätzung ist hilfreich, um Überforderung zu vermeiden. Nicht selten fühlen sich Eltern von ihrer Erziehungsaufgabe überfordert. Die autoritären Erziehungsstrategien, die sie meist selbst als Kinder erlebt haben, sind überholt. Für die neuen Anforderungen, die ein demokratischer Erziehungsstil mit sich bringt, fehlen oft aber die nötigen Strategien.

Hilfreich ist es, die Selbsteinschätzung durch Fremdeinschätzung zu ergänzen, also durch die Beurteilung anderer. Tatsächlich brauchen wir für ein objektiveres Selbstbild immer auch das Fremdbild. Erst im Abgleich mit der Fremdeinschätzung und dem (ungeschönten) Feedback entsteht eine genaue Selbsteinschätzung. Wer seine Selbsteinschätzung bestätigt bekommt, kann einigermaßen sicher sein, dass sie realistisch ist.

Mit der Fremdeinschätzung kann jedoch auch das Problem entstehen, dass sie nicht angenommen werden kann:

- Andere schätzen Ihre Leistung und Ihr Können besser ein, als Sie es selbst tun. Sie bekommen Lob und Anerkennung und denken vielleicht: *„Meine Leistung ist doch nichts Besonderes!“* Vielleicht ist es Ihnen sogar peinlich, wenn Sie gelobt werden.
- Sie haben das Gefühl, dass andere Menschen, zum Beispiel Kollegen oder Vorgesetzte, Ihr Potenzial nicht erkennen. Sie finden sich selbst und Ihre Leistung großartig und sind stolz auf das, was Sie leisten. Nur sieht das keiner, immer bekommen andere die tollen Positionen oder Aufträge. Das fühlt sich für Sie ungerecht an.

Im ersten Fall handelt es sich um *Unterschätzung* der eigenen Leistung, im zweiten Fall um *Überschätzung*.

Erkennen und Schützen eigener Grenzen

Eng verbunden mit der Aufgabe, sich selbst realistisch einzuschätzen, ist die Notwendigkeit, die eigenen Grenzen zu erkennen und zu schützen, denn nur dann sind Sie in der Lage, sich Hilfe zu holen, wenn Ihnen etwas zu viel wird, wenn Sie sich am Limit fühlen oder wenn Sie keine Kraft mehr haben.

Wir alle kommen immer wieder an unsere Grenzen, die wir oft ignorieren oder auch überschreiten. Fragen Sie sich, welches *Ihre* Grenzen sind:

- Wie kann ich herausfinden, wo meine innere Grenze liegt?
- Ab wann vernachlässige ich meine eigenen Bedürfnisse?
- Wann ist meine persönliche Grenze erreicht, an der ich gefährdet bin, mich selbst auszubeuten?
- Wann täte es mir gut, meine inneren Grenzen zu erweitern?
- Warum fällt es mir schwer, meinen Kindern etwas abzuschlagen?
- Warum ist die Übergriffigkeit meiner Schwiegereltern für mich unerträglich?
- Warum kann ich die Teilnahme bei der Nachbarschaftsgrillparty nicht absagen, obwohl ich so erschöpft bin, dass ich nur noch schlafen möchte?
- Warum fällt es mir schwer, einem Freund zu sagen, dass ich beim Umzug nicht helfen kann, obwohl er genau weiß, dass mein Bandscheibenvorfall mich immer noch quält?

Für einen sorgsamen Umgang mit den eigenen Grenzen ist Selbstschutz notwendig, der aber nur gelingt, wenn Sie eine sensible Selbstwahrnehmung (siehe „Selbstwahrnehmung – Erkennen von Bedürfnissen und Ressourcen“, S. 114 ff.) entwickeln und sich Ihrer Bedürfnisse und Grenzen bewusst werden.

Grenzen setzen zu können ist eine soziale Kompetenz, um sich gegen Ausnutzung, Überforderung und Anpassungsdruck zur Wehr zu setzen. Ohne diese Kompetenz wird man nicht nur am Arbeitsplatz, sondern auch in der Familie ausgenutzt. Hier fällt Ihnen vermutlich eine Abgrenzung am schwersten, weil oft mit emotionaler Manipulation versucht wird, Grenzen aufzuweichen. Bei Sätzen wie *„Das kriegst du schon hin!“*, *„Auf dich ist immer Verlass!“* oder *„Lass mich bitte nicht im Stich!“* sollten Sie hellhörig werden. Dann sollten Sie sich fragen:

- Habe ich dazu überhaupt Lust oder Zeit oder hatte ich ganz andere Pläne?
- Fühle ich mich bedrängt und ausgenutzt oder überfordert?

Vielleicht sagen Sie dann trotz eines mulmigen Gefühls doch Ja – und tappen damit in die Falle. Sie geben Ihr Bestes, setzen sich ein, helfen, wo Sie können, und übernehmen Aufgaben, die sonst keiner übernehmen will. Und wofür? Vielleicht, um unangenehmen Konfrontationen aus dem Weg zu gehen, Konflikte zu vermeiden und die Dankbarkeit und Anerkennung Ihrer Liebsten zu erlangen? Das mag kurzfristig befriedigend sein. Langfristig sind solche Grenzverletzungen aber nicht gut für Sie, denn durch permanente Grenzüberschreitungen und eine zu geringe Selbstfürsorge wird Ihre seelische Balance gestört.

Wenn Überforderung und das Gefühl, ausgenutzt zu werden, überhandnehmen, gibt es letztendlich zwei Wege, mit der Situation umzugehen: einerseits der komplette Rückzug und die selbst herbeigeführte Isolation, die einen zwar vor Verletzungen schützt, aber auch ein Weg in die Einsamkeit ist. Andererseits die permanente Unterdrückung von Wut und Ärger, die oft zu unkontrollierten Ausbrüchen führt. Grenzen zu erkennen und gegenüber anderen sichtbar zu machen kann man in jedem Alter lernen. Das ist wichtig für unser Wohlbefinden und unsere sozialen Kontakte. Denn wir können nur echte Hilfe leisten und auf die Sorgen und Probleme anderer Menschen eingehen, wenn wir selbst psychisch stabil sind und genau wissen, wo unsere Grenzen liegen.

Hilfreiche Tipps, um Ihre eigenen Grenzen zu erkennen und zu setzen:

- Hören Sie in sich hinein und machen Sie sich Ihre Bedürfnisse bewusst. Fragen Sie sich: Was tut mir jetzt gut? Bin ich wirklich bereit, diese Aufgabe zu übernehmen? Überfordert sie mich? Stresst mich schon der Gedanke daran? Wann wird es mir zu viel? Möchte ich nur jemandem einen Gefallen tun? Habe ich Angst, die Zuneigung, Liebe und Anerkennung des anderen zu verlieren? Was treibt mich an, meine Grenzen zu überschreiten?

- Werden Sie sich bewusst, dass nur Sie der Wächter bzw. die Wächterin über Ihre Grenzen sind. Sie sitzen am Hebel des Schlagbaums und es liegt in jedem Moment in Ihrer Verantwortung, Ihre Grenzen zu schließen oder zu öffnen, zu verschieben oder zu erweitern.
- Stärken Sie Ihr Selbstwertgefühl, denn je stabiler es ist, desto weniger abhängig sind Sie von der Anerkennung anderer. Je weniger Sie auf die Meinung und das Lob anderer angewiesen sind, desto leichter fällt es Ihnen auch, Nein zu sagen und Grenzen zu setzen. Ein starkes Selbstwertgefühl schützt Ihre Grenzen, gibt Ihnen aber zugleich die Freiheit, Ihre Grenzen zu verändern und anzupassen, wenn es nötig ist.

Selbstwahrnehmung – Erkennen von Bedürfnissen und Ressourcen

Im Gegensatz zur Selbsteinschätzung (siehe „Realistische Selbsteinschätzung", S. 110 f.), durch die man sich wesentlicher Charaktermerkmale, Stärken, Schwächen, Schlüsselqualifikationen und Kompetenzen bewusst wird, geht es bei der *Selbstwahrnehmung* darum, wie wir uns selbst *erleben.*

Die Summe aller Selbstwahrnehmungen bildet das *Selbstbild* eines Menschen. Unsere Selbstwahrnehmung setzt sich aus all dem zusammen, was wir über uns selbst denken und was wir von uns selbst halten. Seelisch robuste, belastbare Menschen haben eine *positive Selbstwahrnehmung* und sind sich ihrer Fähigkeiten, Motive und Werte bewusst.

Wer seine Bedürfnisse nicht (mehr) wahrnimmt, ignoriert oder übergeht, fühlt sich irgendwann erschöpft, ausgenutzt und überfordert. Kinder strapazieren dann die Nerven ihrer Eltern und diese verlieren die Geduld.

Eine gute Selbstwahrnehmung ist eine Grundvoraussetzung für die psychische und physische Gesundheit. Wer sich selbst spürt, kann seine eigenen Bedürfnisse besser wahrnehmen, benennen, zuordnen und regulieren. Wer sich selbst gut wahrnimmt, hört seine innere Stimme, spürt seine Gefühle, handelt intuitiv und merkt, was ihm guttut. Eine gute Selbstwahrnehmung ist somit eine Grundvoraussetzung für psychisches Wohlbefinden und für erfüllende Beziehungen.

Besonders Frauen neigen dazu, ihre innere Stimme zu überhören und ihre eigenen Bedürfnisse zu vernachlässigen. Sie müssen oft erst lernen, dass es legitim ist, Bedürfnisse zu haben und Anforderungen abzulehnen. Die Fähigkeit, sich durch ein „Nein“ abzugrenzen, ist dann hilfreich.

Ganz besonders schwer fällt es Frauen, von anderen etwas zu fordern, denn das erfordert, „männliche“ Anteile in sich selbst zu aktivieren, z. B. Selbstbehauptung, Durchsetzungsfähigkeit oder konstruktive Konkurrenz. Frauen müssen lernen, es auszuhalten, dass sie es nicht allen recht machen können, und Entscheidungen treffen, die nicht überall auf Zustimmung stoßen.

Wer seine Selbstwahrnehmung sensibilisieren möchte, sollte auf Signale von Körper und Geist achten. Beide Instanzen geben immer wieder Feedback über das aktuelle Befinden.

Die eigene Selbstwahrnehmung ist Voraussetzung dafür, sich abgrenzen oder um Unterstützung bitten zu können:

- Wann brauche ich trotz meiner Leistungsfähigkeit Unterstützung?
- Welche Glaubenssätze und Überzeugungen setzen mich unter Druck?

Um sich vor Überforderung zu schützen, ist es aber nicht nur wichtig, eigene Grenzen zu erkennen, sondern auch, sie klar und deutlich zu kommunizieren und Unterstützung einzufordern. Das wird innerhalb der Familie häufig vernachlässigt.

Wenn Sie aber Ihre Grenzen deutlich gemacht haben, gilt es, konsequent zu sein. Konsequentes Einhalten von Grenzen spielt eine große Rolle dabei, unser Verhalten als Eltern vorhersehbar zu machen. Das ist besonders wichtig, um Kindern Sicherheit zu geben. Halten Eltern einmal Grenzen ein, beim nächsten Mal aber nicht, ist ihr Verhalten für Kinder nicht abschätzbar und erschwert ihnen den Umgang mit Grenzen.

Wenn Sie erkennen, dass *Sie* der wichtigste Mensch in Ihrem Leben sind und nicht die Energie-Tankstelle für andere, und wenn Ihnen bewusst wird, dass Sie für sich selbst verantwortlich sind, dann wird es Ihnen gelingen, Selbstschutz zu praktizieren und nachhaltig Grenzen zu setzen.

Neben der Wahrnehmung der eigenen Bedürfnisse ist auch die Wahrnehmung eigener *Ressourcen* wichtig und Voraussetzung dafür, sich von überfordernden Anforderungen abzugrenzen und vor Vereinnahmung und Überlastung zu schützen. Eine wichtige Ressource kann Resilienz sein, die unsere psychische Widerstandskraft ausmacht und bestimmt, wie gut wir Stress und Krisen meistern, wie gut wir unser Potenzial kennen und wie gut wir uns abgrenzen und vor Vereinnahmung und Überlastung schützen können.

Training der Emotionssteuerung

Von John Mayer ist folgendes Zitat überliefert: *„Der emotional intelligente Mensch hat besondere Fähigkeiten in vier Bereichen: Er kann seine Emotionen identifizieren, seine Emotionen verstehen, einen Nutzen aus ihnen ziehen und sie regulieren.“*

Für gestresste Eltern, die zur seelischen Balance finden wollen, gibt es eine Bedingung: Sie müssen die Fähigkeit haben (oder erlernen), ihre Emotionen rechtzeitig wahrzunehmen und zu steuern. Diese Fähigkeit gilt als *emotionale Kompetenz.* Sie ist nicht nur im Beruf und im Umgang mit Kollegen, Freunden und Nachbarn, sondern besonders im Innenverhältnis familiärer Beziehungen wichtig. Im täglichen familiären Zusammenleben mit unterschiedlichen Generationen, Charakteren, Interessen, Wahrnehmungen und Gefühlen ist es in kritischen Situationen entscheidend, dass Eltern ihre Gefühle richtig einordnen und gut mit ihnen umgehen können, um heikle Situationen zu entschärfen.

In zahlreichen Studien hat sich gezeigt, dass die Fähigkeit, Emotionen zu steuern, zur geistigen und körperlichen Gesundheit beiträgt und zwischenmenschliche Beziehungen sowie den innerfamiliären Zusammenhalt stärkt. Ein kluger

Umgang mit Gefühlen puffert Konflikte, schützt vor Stress, Depressionen und Burn-out und verhilft letztlich zu mehr Lebenszufriedenheit.[45] Deshalb ist ein Training der Emotionssteuerung nicht nur der effektivste Selbstschutz für Eltern, sondern auch vorbildhaft und prägend für die ganze Familie.

Ziel dieses Trainings ist es, in extremen Situationen, z. B. bei familiären Auseinandersetzungen (etwa wenn andere ungerecht, dominant, übergriffig und provokant sind), die eigenen Emotionen und Impulse kontrollieren und steuern zu können.

Bei den meisten Menschen können im Eifer des Gefechts die Emotionen schnell entgleiten, mit der Folge, dass sie impulsiv, spontan, unüberlegt, unfair oder aggressiv reagieren. Wenn Eltern sich und ihre angegriffenen Gefühle nicht unter Kontrolle haben, reagieren sie oft unangemessen und tragen damit zur Eskalation der Situation bei. Um das zu vermeiden, ist es wichtig, dass sie sich damit befassen, wie es möglich ist, Contenance zu bewahren und souverän und gelassen mit den eigenen Gefühlen umzugehen. Am besten gelingt das, indem sie versuchen, von der aufgeladenen Situation gedanklich Abstand zu gewinnen.

Fakt ist, dass Emotionen grundsätzlich das Verhalten steuern und die Beziehungen zu anderen Menschen beeinflussen. Emotionen haben eine enorme Macht, der aber niemand hilflos ausgeliefert ist. Wer *Emotionskompetenz* erwerben will, kann das auch als Erwachsener noch schaffen. Er braucht allerdings, wie beim Erlernen einer neuen Sprache oder eines Musikinstrumentes, viel Disziplin, Geduld und Training. Da Emotionen keine Naturereignisse sind und jeder Mensch fühlt, was er denkt, ist es möglich, Emotionen zu steuern.

Auch Stress entsteht nicht durch äußere Ereignisse, sondern primär durch die Art des Denkens. Das Ausmaß, in dem Sie Stress erleben, hat seine Ursache stets in Ihrer Wahrnehmung und Bewertung der Situation – also in Ihren Gedanken. Familiäre Konflikte lassen die Emotionen häufig außer Kontrolle geraten, was die Eskalationsdynamik verstärkt und zu Psychostress führen kann. Hilfreich ist es, zunächst einmal innezuhalten und nicht sofort aus dem ersten

Impuls heraus zu reagieren. Wie viel Zeit man sich zum „Abkühlen" gibt, hängt von der Situation ab.

Bleiben wir bei der These, dass Gedanken unsere Emotionen steuern, dann kommt es bei entgleisenden Familienkonflikten zuallererst auf die *Gedankenfrüherkennung* an. Achten Sie deshalb beim Emotionstraining gezielt auf die Denkvorgänge, die Ihre Gefühle begleiten:

- Betrachten Sie Ihre Gefühle als Barometer, das Ihnen anzeigt, wenn Sie in ungesunde Gedanken abgleiten.
- Geben Sie Kleinigkeiten nicht eine Bedeutung, die sie gar nicht verdienen. *„Dass die Vögel der Sorge und des Kummers über deinem Haupt fliegen, kannst du nicht ändern. Aber dass sie Nester in deinem Haar bauen, das kannst du verhindern."* (Martin Luther)
- Das beste Gegenmittel gegen kreisende Gedanken besteht darin, sich auf das zu konzentrieren, was Sie gerade tun. Damit finden wieder in einen ausgeglicheneren Gemütszustand zurück.
- Nehmen Sie negative Gefühle nicht zu ernst, sondern denken Sie in solchen Momenten daran, dass negative und positive Stimmungen einander ablösen und beides zu Ihnen gehört.

Wie Gedanken Emotionen beeinflussen und zu impulsivem Handeln führen können, zeigt die Geschichte „Der Mann mit dem Hammer" aus Paul Watzlawicks „Anleitung zum Unglücklichsein"[46]:

Ein Mann will ein Bild aufhängen. Einen Nagel hat er, nicht aber einen Hammer. Aber sein Nachbar hat einen. Also beschließt unser Mann, hinüberzugehen und sich den Hammer auszuborgen. Doch da kommt ihm ein Zweifel: Was, wenn der Nachbar mir den Hammer nicht leihen will? Gestern schon grüßte er mich nur so flüchtig. Vielleicht war er in Eile. Aber vielleicht war die Eile nur vorgeschützt, und er hat etwas gegen mich. Und was? Ich habe ihm nichts angetan; der bildet sich da etwas ein. Wenn jemand von mir ein Werkzeug borgen wollte, ich gäbe es ihm sofort. Und warum er nicht? Wie kann man einem

Mitmenschen einen so einfachen Gefallen abschlagen? Leute wie dieser Kerl vergiften einem das Leben. Und dann bildet er sich noch ein, ich sei auf ihn angewiesen. Bloß weil er einen Hammer hat. Jetzt reicht's mir wirklich. – Und so stürmt er hinüber, läutet, der Nachbar öffnet, doch bevor der *„Guten Tag"* sagen kann, schreit ihn unser Mann an: *„Behalten Sie Ihren Hammer, Sie Rüpel!"* Wieder in seiner Wohnung, sitzt er da mit seinem Bild in der Hand – enttäuscht und verzweifelt über seine Mitmenschen. Und er beschließt ganz fest: *„Nie wieder spreche ich einen an!"*

Diese Geschichte zeigt, wie sehr wir unseren eigenen Gedanken ausgesetzt sind und wie stark sie uns und unser Befinden beeinflussen können.

Was aber kann diese Geschichte lehren?

Es geht stets darum, zu prüfen, ob wir uns selbst und unseren Eindrücken trauen können. Statt seinen eigenen Gedanken nachzugeben und sie als in Stein gemeißelt zu erleben, ist es sinnvoll, nachzufragen, ob die eigenen Befürchtungen tatsächlich begründet sind. Dieses Nachfragen ist die einzige Chance, sich nicht in Mutmaßungen und Unterstellungen zu ergehen, sondern mit einer klärenden Frage schnell aus der Abwärtsspirale herauszukommen.

Wer sich also nicht traut, ein Thema direkt anzusprechen, der kann sich langsam vortasten, indem er überprüft, ob der andere seinen Eindruck bestätigt, indem er z. B. sagt: *„Ich habe den Eindruck, dass du ..., weil ..."*

Ein Beispiel:

Frau: *„Ich habe den Eindruck, dass mein Stiefsohn mich nicht mag, weil er mich immer sehr kritisch ansieht."*

Ehemann: *„Ach, das macht er bei mir auch, es ist seine Art, aber er meint es nicht so."*

Alternative Antwort des Ehemannes: *„Das ist mir auch schon aufgefallen, er reagiert wirklich merkwürdig auf dich."*

Die Bestätigung eines Gefühls durch unbeteiligte Außenstehende ist wichtig, um Gefühlssicherheit zu bekommen, denn Gedanken entstehen in uns selbst und sind nicht unbedingt ein zuverlässiges Abbild der Realität. Die Interpretation all dessen, was geschieht, geschieht aufgrund bestimmter Vorerfahrungen, Prägungen und oft auch aufgrund eines mangelnden Selbstbewusstseins. Wir müssen uns selbst also infrage stellen und immer wieder unsere Einschätzung mit der unserer Umwelt abgleichen:

- Stimmt es wirklich, was ich denke und empfinde?
- Habe ich mit meinen Befürchtungen und negativen Gedanken recht, oder entstehen sie in meinem tiefsten Inneren und bilden nicht die wahren Geschehnisse ab?

Strategien zur Steuerung negativer Emotionen:

- Erkennen Sie das Gefühl, das Sie in Rage bringt, benennen Sie es und nehmen Sie es an. Das erfordert die Fähigkeit zur Selbstreflexion und Selbstkontrolle.
- Identifizieren Sie den Hauptauslöser Ihrer Emotion. Was sollte anders sein, als es ist? Oft sind es missachtete Bedürfnisse.
- Treten Sie innerlich einen Schritt zurück, um Abstand zu gewinnen.
- Überlegen und entscheiden Sie, wie Sie auf Ihr Gefühl reagieren möchten.
- Bauen Sie Druck ab, z. B. mit positivem Visualisieren, kontrollierter Atmung, Bewegung sowie verschiedenen Entspannungstechniken.
- Verändern Sie die Perspektive und fragen Sie sich: *„Ist mein Gefühl angemessen oder übersteigert? Würde mein bester Freund, meine beste Freundin das auch so empfinden?“*
- Bleiben Sie sachlich und trennen Sie Emotionen vom dem, worum es geht. Versuchen Sie, Dramatisierungen zu entschärfen, ohne den Grund Ihrer Emotion zu bagatellisieren. Humor kann dabei hilfreich sein.

- Erhöhen Sie Ihre Frustrationstoleranz und entschärfen Sie Ihren „Ärger-Radar", indem Sie sich ein dickeres Fell zulegen. Das ist effektiver Selbstschutz.
- Üben Sie die Methode des Gedanken-Stopps als wirksames Mittel, um belastenden Emotionen wirksam zu begegnen. Damit ist es möglich, endlose grüblerische, destruktive Gedankenketten zu unterbrechen. Sagen Sie laut „Stopp!" und wenden Sie sich bewusst etwas anderem zu, das Ihre volle Aufmerksamkeit erfordert.

Fazit: Das Training der Emotionssteuerung ist Voraussetzung dafür, impulsives Verhalten zu vermeiden und Konflikte „im Eifer des Gefechtes" nicht eskalieren zu lassen. Es geht darum, *Gefühlskompetenz* zu zeigen und Herr der eigenen Gefühle zu bleiben.

Mit Selbsthypnose und Autosuggestion zu innerer Balance

Selbsthypnose ist die Einflussnahme auf das Unbewusste und dient dazu, negative Glaubenssätze zu verwandeln, sich innerlich auf gewünschte Ziele vorzubereiten, in eine tiefe Entspannung zu kommen und dadurch Stress zu reduzieren und positive Gefühle zu verankern. Rationales, kritisches Denken wird umgangen, um vorhandene Ressourcen zu fördern. Stattdessen wird der Fokus auf innere Bilder, den inneren Dialog und Gefühle gerichtet. Das Ziel besteht darin, positiv formulierte Sätze im Unterbewusstsein zu verankern und negative Gedanken umzuprogrammieren:[47]

„Ich fühle mich jeden Tag besser."
„Ich darf mir erlauben, frei zu sein."
„Ich vertraue jeden Tag mehr auf meine innere Stärke."
„Auch wenn ich Angst habe, liebe und akzeptiere ich mich so, wie ich bin."
„Ich bin ein liebenswerter Mensch, liebe und werde geliebt."
„Ich freue mich des Lebens."
„Ich schaffe das!"

Mehrere Studien haben gezeigt, dass Selbsthypnose Stress reduziert und sogar die Immunfunktionen positiv beeinflusst.[48]

Wie funktioniert Stressreduzierung mit Selbsthypnose? Bei einer Stressreduzierung durch Selbsthypnose werden unbewusste Verhaltensweisen neu konditioniert. Unbewusst laufende „Programme" werden in eine positivere Richtung gelenkt. Durch Beeinflussung der Gedanken über intensive Wiederholung von Formeln, Leitsätzen oder Bildern kann ein körperlich-geistig erholsamer Zustand von Ruhe und Tiefenentspannung erreicht werden. Zur Anleitung gibt es zahlreiche Selbsthypnose-CDs.

Die Vorteile von Selbsthypnose sind vielfältig:

- *Stressabbau:* Wenn man sich in einen hypnotischen Zustand versetzt, kann man tief entspannen und den Stress des Alltags abbauen.
- *Überwindung von Ängsten:* Selbsthypnose kann helfen, Ängste und Phobien zu überwinden, indem man sich auf positive Bilder und Gedanken konzentriert.
- *Verbesserung des Selbstbewusstseins:* Durch Selbsthypnose kann man das Selbstbewusstsein stärken und sich selbst besser akzeptieren.
- *Schmerzlinderung:* Selbsthypnose kann helfen, physische Schmerzen zu reduzieren, indem man sich auf Entspannung und Schmerzabbau konzentriert.
- *Verbesserung des Schlafs:* Selbsthypnose kann dazu beitragen, den Schlaf zu verbessern, indem man sich auf Entspannung und Ruhe konzentriert.

Insgesamt bietet die Selbsthypnose eine Vielzahl von Vorteilen für die psychische und physische Gesundheit und kann ein effektives Werkzeug zur Verbesserung des Wohlbefindens sein.

Die *Autosuggestion* ist eine „Selbstbeeinflussung“ und ein Werkzeug der Selbsthypnose. Damit wird das Unterbewusstsein trainiert, an etwas zu glauben oder neue Handlungsalternativen einzuüben, mit dem Ziel, aktiv Einfluss auf sich selbst, genauer gesagt auf sein Gedankengut, zu nehmen.

Mithilfe positiver Affirmationen ist es möglich, sein Unterbewusstsein umzuprogrammieren. Damit verschwinden negative Gedanken Schritt für Schritt und innere Zufriedenheit breitet sich aus. Das gelingt, indem individuelle Affirmationen oft wiederholt werden, sodass sich Ziele und Wünsche fest im Unterbewusstsein verankern können. Die Macht der Gedanken ist enorm: Placebos können das gesundheitliche Befinden von Patienten allein durch die Vorstellung entscheidend verbessern, dass sie helfen werden. Diese Überzeugung löst im Körper ähnliche Reaktionen aus wie „echte“ Medikamente. Es ist die Vorstellungskraft, die im Körper physiologisch messbare Reaktionen verursacht.

Der französische Apotheker Émile Coué hat den *Placebo-Effekt* entdeckt. Er stellte fest, dass die Art und Weise, wie und mit welchen Worten er seine Medikamente verkaufte, Einfluss auf deren Wirksamkeit hatte. Stellte er sie als besonders wirksam, quasi als wahre Wunderheilmittel dar, berichteten seine Kunden deutlich häufiger von gelinderten Beschwerden. Schnell erkannte er, dass das eigene Gedankengut starken Einfluss auf das Wohlbefinden hat, sowohl physisch als auch psychisch.

Die dem Placebo-Effekt zugrunde liegende Autosuggestion ist auch ein wertvolles Mittel, um aus negativen Gedankenmustern auszubrechen. Hier einige Beispiele, die Ihnen dabei helfen, gestärkt und motiviert durch den Alltag zu gehen:

- Selbstbewusstsein: *„Ich kenne meine Stärken und auch andere werden sie erkennen und zu schätzen wissen.“*
- Innere Ruhe: *„Ich bin entspannt und gelassen und lasse mich durch nichts und niemanden aus der Ruhe bringen.“*
- Motivation: *„Ich kann alles, was zum Erreichen meiner Ziele nötig ist, ganz einfach lernen.“*

Stärkung der seelischen Widerstandskraft

Im Job leistungsfähig sein und die Familie zufriedenstellen und zugleich die eigenen Bedürfnisse nicht vernachlässigen: Dieser Spagat ist für Eltern eine ständige Belastung und bringt sie an ihre Grenzen.

Als Hauptursache für Stress geben die meisten Menschen die eigenen hohen Ansprüche an: Sie geben alles, um es den Kindern, dem Partner und dem Arbeitgeber rechtzumachen und nebenbei noch den Haushalt zu führen. 21 Prozent führen den Stress (auch) auf den gesellschaftlichen Druck zurück.[49] Die höchsten Belastungswerte zeigen sich bei Frauen im Alter zwischen 30 und 50 Jahren. Bei dieser Gruppe konzentrieren sich die Belastungen für Mütter durch Beruf, Partnerschaft, Haushalt, Kindererziehung und führen zur Stressgefährdung.

Die Stressforschung belegt, dass lange andauernder Stress durch externe und eigene Anforderungen dazu führt, dass die Ressourcen irgendwann aufgebraucht sind. Damit das nicht geschieht, sind präventive Maßnahmen erforderlich, z. B. seelische Immunität aufzubauen und die seelische Widerstandskraft zu stärken.

Für Eltern am Limit ist es wichtig zu wissen, dass alle Menschen nicht nur ein Immunsystem besitzen, das sie vor Krankheitserregern schützt. Auch die Psyche hat ein Immunsystem, das ihnen hilft, mit Überlastung umzugehen. Die gute Nachricht lautet: Auch das psychische Immunsystem kann trainiert werden.

Die Art und Weise, wie gestresste Eltern mit herausfordernden Situationen umgehen, lässt sich unter dem Begriff *Resilienz* zusammenfassen. Resilienz ist die psychische Widerstandskraft. Sie ermöglicht es, auch schwierige Situationen zu meistern. Dabei geht es nicht darum, sich von Krisen und Alltagsstress abzuschirmen, sondern um die Fragen: *„Wie reagieren wir auf Stress? Haben wir genug Ressourcen? Ist unser Immunsystem stark genug, sodass wir gut damit umgehen können?“* Wie beim Immunsystem ist es auch bei der Resilienz so, dass sie trainiert werden kann, um persönliche Kraftressourcen zu stärken und belastbarer zu machen.

Wie erreichen Sie seelische Widerstandskraft?

- Erstellen Sie eine persönliche Stress-Analyse. Schreiben Sie Dinge auf, die Ihren persönlichen Stresspegel konstant erhöhen. Stressimmunität beginnt im Kleinen – wenn Sie die kleinen Probleme lösen, verringern Sie Ihre Belastung und haben mehr Immunität gegen große Stressoren.
- Steigern Sie sich nicht in Ärger hinein, sondern machen Sie sich bewusst, dass er ein Indikator für verletzte Werte und Gefühle ist. Fragen Sie sich, welcher Ihrer wichtigen Werte verletzt wird. Wenn Sie diesen kennen, sind Sie weniger anfällig für Stress.
- Lernen Sie Ihre individuelle Krisenformel kennen. Sie lautet: Krise = Problem mal Stress. Treffen Sie Entscheidungen und gehen Sie achtsam mit Ihren Ressourcen um.

Handlungsoptionen bei Leistungsdruck und Überforderung

Unsere Handlungsoptionen bei Leistungsdruck und Überforderung sind zu einem großen Teil von uns selbst und unseren Ressourcen abhängig. Grundsätzlich stehen folgende Optionen zur Verfügung:

- der ökonomische Umgang mit eigenen Ressourcen
- das Stressmanagement

Der ökonomische Umgang mit Ressourcen

Persönliche Ressourcen sind alle unsere inneren Fähigkeiten, Kompetenzen, Potenziale, Kraftquellen, Talente, Erfahrungen, Strategien, Emotionen und Stärken. Ressourcen sind unsere Energiequellen, die uns die Kraft geben, Situationen selbstwirksam zu verändern.[50]

Ressourcen sind nicht unbegrenzt verfügbar, man muss sie deshalb ökonomisch nutzen. Die wenigsten Menschen begreifen, dass sie selbst ihre wichtigste Ressource sind, um Anforderungen im Alltag und Beruf zu bewältigen. Viele verhalten sich unökonomisch und geraten deshalb unter Stress.

Um besonders in herausfordernden Situationen die eigenen Kräfte zu bündeln, hilft es, sich die eigenen Ressourcen bewusst zu machen. Diese können Sie aktivieren, indem Sie sich darauf fokussieren, was Ihnen gelungen ist und wie Sie vergangene Krisen gemeistert haben. Stellen Sie sich dafür folgende Fragen:

- Was hat Ihnen damals bei der Bewältigung geholfen?
- Welche Erfahrungen, die Sie gemacht haben – mit sich selbst, mit der Welt, mit anderen Menschen –, haben Ihnen geholfen?
- Erinnern Sie sich an schwere Situationen, die Sie gut bewältigt haben, und versuchen Sie die Methoden, die Ihnen damals geholfen haben, auf die jetzige Situation zu übertragen.

Der ökonomische Umgang mit den eigenen Ressourcen ist nur möglich mit einem *effektiven Energiemanagement.* Während Energieberater(innen) in der Industrie ganz objektiv anhand von energiebezogenen Messwerten und Kennzahlen Maßnahmen ermitteln und Potenziale darstellen, kann das *persönliche Energiemanagement* eher weniger auf messbare Größen zurückgreifen. Hier helfen vor allem Selbsteinschätzung (individuelle Reflexion) und der Austausch mit anderen.

Für diese Reflexion hilft ein systematischer Ansatz, ähnlich wie in der industriellen Energieberatung:

- *Bestandsaufnahme:* Fragen Sie sich: „Was ist mein überwiegendes Gefühl, wenn ich an ... denke?" Was in diesem Bereich gibt Ihnen Energie? Was zehrt an Ihrer Energie? Gibt es zu einem derzeit energiefressenden Bereich einen anderen Bereich, der den Energiehaushalt wieder auffüllt?

- *Maßnahmen einleiten:* Kontinuierliche Selbstfürsorge: Gibt es Energiequellen, die noch ungenutzt sind? Können Sie in Ihrem Arbeitsalltag den Fokus auf das legen, was Ihnen Kraft gibt? Wann fühlen Sie sich besonders fit und wohl? Wo gibt es „Energiefresser", die Sie reduzieren können? Welche energetischen Einflussfaktoren stören? Was kostet Sie mehr Kraft, als es Ihnen gibt?

Letztlich führt der persönliche Ressourcenschutz zu einem sehr persönlichen und individuellen Lebensgefühl und am Ende zu mehr Lebensqualität und Familienglück.

Stressmanagement

Das Ziel des Stressmanagements liegt darin, sich vor chronischem Stress (s. „Burnout – Erschöpfungssyndrom", S. 90 ff.) zu schützen, die persönlichen Stressauslöser zu erkennen und Strategien zu entwickeln, damit umzugehen.

Wie beschrieben (siehe „Quellen der Überforderung", S. 56 ff.), leiden Eltern besonders unter *Beziehungs-* und *Erziehungsstress*, der ihnen Energie raubt. Alle Familienmitglieder leiden, obwohl alle nur das Beste füreinander wollen. Die Stressbelastung in Familien ist immens und die Handlungsohnmacht ebenso. Um die generationsübergreifende (transgenerationale) Weitergabe typischer Stressbelastung zu unterbrechen, braucht man nicht nur Wissen, sondern auch veränderbare Handlungsmöglichkeiten der Eltern.

Kirsten Schreiber zeigt in „Familien-Stressmanagement. Ein Hand- und Bilderbuch für den Alltag"[51] nicht nur, welche typischen Stolperfallen und Hürden auf dem Weg durch den herausfordernden Familienalltag lauern und in Überforderung und Stress münden können, sondern nennt auch Lösungsoptionen, um stressige Situationen zu entschärfen. Ein wichtiger Schritt, um Ihre Stressauslöser zu erkennen, besteht darin, auf die Dinge zu achten, die eine starke emotionale Reaktion hervorrufen. Zusätzlich zu Ihren starken Gefühlen können Sie auch körperliche Anzeichen von Stress wahrnehmen, wie z. B:

- erhöhter Herzschlag
- Schwitzen
- Zittern
- Magenbeschwerden

Wenn Sie derartige Stressreaktionen bemerken, halten Sie inne und denken Sie darüber nach, was gerade passiert ist und welche Emotionen wodurch ausgelöst wurden. Suchen Sie nach der Ursache, indem Sie Ihre Gefühle zu deren Ursprung zurückführen. Was hat Sie gestört oder getriggert? Wenn der Zusammenhang nicht klar ist, müssen Sie vielleicht noch mehr nachforschen. Versuchen Sie keinesfalls, Stressreaktionen zu verdrängen oder zu leugnen. Effektiver ist es, zu lernen, mit den Stressauslösern richtig umzugehen. Dazu bieten sich folgende Möglichkeiten an:

Stressauslöser erkennen und Methoden zur Stressreduktion nutzen:
Was setzt Sie unter Druck? Können Sie die Situation selbst ändern oder gibt es Möglichkeiten, den Stress zu reduzieren?

- *Persönliche Stressverstärker erkennen und „entmachten“*: Überprüfen Sie, ob neben den „äußeren Stressoren“ persönliche Verhaltens- und Denkmuster als weitere Stressverstärker fungieren. Derartige Denk- und Verhaltensmuster können einen gesunden Umgang mit äußeren Stressoren zusätzlich erschweren. Machen Sie sich daher Ihre inneren Stressverstärker bewusst und versuchen Sie, diese mental zu entmachten.
- *Körperlichen Stressreaktionen aktiv begegnen:* Um Stresssituationen besser regulieren zu können, sollten Sie Ihre körperlichen Reaktionen im Blick haben und für Stressabbau durch ausreichende Erholungsphasen sorgen. Das trägt auch zu Ihrer mentalen Fitness bei.

Folgende Handlungsoptionen innerhalb des Stressmanagements können Ihnen helfen, Leistungsdruck und Überforderung zu verringern:

- ein gelassener Umgang mit der Zeit
- die Vermeidung von Perfektion
- Mentaltraining – Veränderung der Einstellung
- Gelassenheit als emotionale Pausentaste
- ein wertschätzender Umgang mit sich selbst
- Entspannung für gestresste Eltern
- Sich Unterstützung suchen – Beratungsstellen für Eltern am Limit

Der gelassene Umgang mit der Zeit

Kennen Sie das Gefühl, dass Ihr Tag zu wenige Stunden hat? Dass es immer noch nicht genug war, obwohl Sie den ganzen Tag hart gearbeitet haben? Kommen Ihre familiären und privaten Interessen oft zu kurz?

Beruf, Familie, Haushalt und Freizeit fordern permanent Zeit. Warum sieht das *Zeitmanagement* bei manchen Menschen so leichtgängig aus? Warum schaffen manche scheinbar mehr als andere? Obwohl doch jeder Mensch täglich *gleich viel Zeit* zur Verfügung hat, nämlich 24 Stunden. Wie kann man effizient arbeiten, ohne gestresst zu sein und sich gehetzt zu fühlen? Wie kann man mit gutem Gewissen Zeit einsparen? Der Umgang mit der Zeit ist für viele Menschen ein existenzielles Problem. Sie hetzen von Veranstaltung zu Veranstaltung – auf den Urlaub folgt die nächste Familienfeier und im Job fühlt man sich auch gehetzt. Sie leiden unter dem Zeitdruck. Ihnen ist nicht bewusst, dass Lebensqualität jenseits von Geschwindigkeit existiert.

Um einen gelassenen Umgang mit der Zeit zu finden, ist es wichtig, sich bewusst zu machen, was man wirklich zu einem erfüllten Leben braucht. Wer permanent den Eindruck hat, zu viele Aufgaben in einer bestimmten Zeit erledigen zu müssen, gerät automatisch in Stress. Ein solches Gefühl entsteht häufig, wenn der Gesamtüberblick über die Aufgaben verloren gegangen ist.

Um alles auf die Reihe zu bekommen und auch noch ein wenig Ruhe zu finden, braucht man ein *effektives Zeitmanagement:*

- Planen Sie den Tag oder die ganze Woche im Voraus.
- Planen Sie Pufferzonen ein für den Fall, dass eine Aufgabe länger dauert.
- Setzen Sie Prioritäten nach der Wichtigkeit der Aufgaben.
- Planen Sie Ruhepausen ein.

Das folgende Beispiel zeigt, wie sehr *Priorisierung* für Stressreduktion sorgt und damit vor Leistungsdruck und Überforderung schützt:

Sandra, 31:

> *Besonders der zusätzliche Stress durch die Corona-Pandemie mit Homeoffice und Homeschooling hat mich gelehrt, mich stets zu fragen, was wichtig ist und warum. Das hilft mir, großzügig zu sein mit allem, was momentan nicht zwingend erledigt werden muss. Eine Mail muss nicht zwingend an dem Tag beantwortet werden, an dem man sie bekommt. Die Wahrnehmung der Prioritäten kann sehr entschleunigend sein, weil dann alles der Reihe nach abgearbeitet werden kann, ohne dass man in Stress gerät.*

Um vernünftig mit der begrenzt verfügbaren Zeit umzugehen, ist es also notwendig, Wesentliches von Unwesentlichem zu unterscheiden. Sandra hat die *Priorisierung* als Handlungsoption erkannt, um ihre Zeit zu managen und dadurch Stress zu minimieren.

Sie können Ihre eigene Stresskompetenz entscheidend verbessern, indem Sie Gelassenheit im Umgang mit der Zeit üben, und Sie können Zeit gewinnen, indem Sie sich gelegentlich abgrenzen und das Zauberwort „Nein“ einsetzen. Vor allem Frauen neigen dazu, Aufgaben zu übernehmen, obwohl sie eigentlich weder Zeit noch Lust haben, sie zu erledigen. Dabei ist es eigentlich ganz leicht, Nein zu sagen, ohne den anderen vor den Kopf zu stoßen:

- *„Nein, Mama, ich habe heute keine Zeit, dir bei der Abrechnung zu helfen, weil ich eine Verabredung mit meiner besten Freundin habe."*
- *„Nein, heute kann ich dich nicht zum Training fahren, weil ich noch die Steuerunterlagen sortieren muss."*
- *„Nein, ich möchte heute nicht ins Kino gehen, ich bin einfach zu müde."*

Der Aufbau einer solchen „verneinenden Ich-Botschaft" ist einfach. Zuerst kommt ein klares, deutliches Nein, dann folgt der Grund. Man muss ein Nein zwar nicht begründen, durch die Angabe des Grundes kann der andere es aber besser verstehen und akzeptieren.

Vermeidung von Perfektionismus

Eine weitere Handlungsoption, effektiv mit Zeit und Kraft umzugehen und sich dadurch von Leistungsstress und Überforderung zu befreien, besteht darin, Perfektionismus zu vermeiden. Das aber ist leichter gesagt als getan, denn wenn Sie einen Hang zum Perfektionismus haben, um stets das Maximum zu erreichen, führt das am Ende dazu, dass Sie selbst und Ihre Familie unter Ihren hohen Ansprüchen leiden. Es entsteht das Gegenteil von dem, was Sie erreichen wollten. Als Konsequenz sind Sie bemüht, es noch besser zu machen, mit dem Ergebnis, dass Sie sich starker psychischer und körperlicher Anspannung aussetzen.

Perfektionisten versuchen ihren hohen Anspruch an sich selbst und das Ergebnis ihrer Arbeit durch übermäßigen Arbeitseinsatz zu erreichen – sie sind häufig Workaholics. Nicht selten arbeiten sie bis zum Umfallen, um ihre überhöhten selbst gesteckten Ziele zu erreichen.

Viele Eltern tappen durch ihre hohen Ansprüche auch beim Erziehen in die Perfektionismus-Falle. Der Wunsch, den eigenen Kindern den besten Start ins Leben zu ermöglichen, ist völlig normal. Aber die heute endlose Vielfalt an Möglichkeiten der Förderung und die zahllosen Ratgeber sorgen für perfektionistische Ansprüche der Eltern an sich selbst.

„Kinder zu haben heißt Stress zu haben", klagte eine genervte Mutter bei mir in der Beratung. *„Ich komme kaum noch hinterher, alle Termine zu organisieren: Förderkurs Kinder-Englisch am Montag, Musikunterricht am Dienstag, Kletterkurs am Donnerstag ..."* Auf meine Frage *„Brauchen Ihre Kinder denn das alles?"* reagierte die Mutter irritiert: *„Ich will doch nur, dass meine Kinder nichts verpassen, denn schließlich kann der Nachbarsjunge schon Klavier spielen und die kleine Tochter meiner besten Freundin plappert schon erste Sätze auf Französisch. Da muss man doch mithalten!"* Die Mutter merkte nicht, dass sie in der guten Absicht, die perfekte Mutter zu sein, womöglich diese wichtige Frage aus dem Blickfeld verloren hatte: Was braucht (und mag) mein Kind eigentlich?

Entlastend ist es, zu wissen, dass Kinder keine perfekten Eltern brauchen. Sie brauchen vor allem Zuwendung und Zeit, eine stabile emotionale Bindung zu den Eltern und die Chance, ihrem eigenen, individuellen Entwicklungstempo zu folgen. Je mehr Zeit Eltern ihrem Kind schenken, umso mehr Selbstwertgefühl und Glücksfähigkeit kann es entwickeln. Bessere Bedingungen für ein gutes Leben gibt es kaum.

Der erste Schritt zur Vermeidung von Perfektionismus besteht in der Erkenntnis, dass die Forderung nach Perfektion ein Anspruch ist, den Menschen grundsätzlich nur partiell erfüllen können. Es mag gelingen, in einem Bereich zu einem bestimmten Zeitpunkt Außergewöhnliches zu leisten, aber über alle Bereiche und zu jedem Zeitpunkt ist dies unmöglich, denn es übersteigt unsere menschlichen Fähigkeiten.

Der zweite Schritt zur Vermeidung von Perfektionismus besteht darin, flexibel und effektiv zu sein, sich nicht im Klein-Klein zu verzetteln, sondern die großen Linien im Auge zu haben. Auch die Ökonomisierung des täglichen Einsatzes in der Familie kann eine wichtige Säule des Zeit- und Stressmanagements sein. Hilfreich und entlastend ist es, den Tagesablauf zu strukturieren und sich nicht mit unwichtigen Dingen aufzuhalten, die viel Zeit kosten, aber keinen Ertrag bringen.

Mentaltraining – Veränderung der Einstellung

Neben einem gelassenen Umgang mit der Zeit und der Vermeidung von Perfektionismus gibt es eine weitere wichtige Verhaltensweise, um mit Überforderung umzugehen: *das Mentaltraining.*

Mentaltraining bedeutet übersetzt nichts anderes als „geistiges Training". Durch wiederholte gezielte, mit Emotionen verbundene Reize auf mentaler Ebene werden das Erreichen von Trainingseffekten sowie eine verbesserte Selbstwirksamkeit auf körperlicher, emotionaler und geistiger Ebene angestrebt.

Beim Mentaltraining nutzt man die *Macht der eigenen Gedanken*, um seine Einstellung zum Leben und damit das eigene Leben selbst positiv zu verändern. Mentales Training kann in allen Lebensbereichen unterstützen. Es ist sehr einfach und kann erlernt werden. Das können sich auch gestresste Eltern zunutze machen, um ihre Einstellung zum Leben zu verändern.

„Das Glück deines Lebens hängt von der Beschaffenheit deiner Gedanken ab." Diese Weisheit stammt vom römischen Kaiser Marc Aurel, der schon Jahrhunderte vor der Gehirnforschung erkannte, dass der Mensch fühlt, was er denkt. Nicht nur in der Sportpsychologie gilt der Grundsatz *„Siege finden überwiegend im Kopf statt"*. Spitzensportler haben gelernt, im entscheidenden Moment – auch unter schwierigen Bedingungen – all ihre Ressourcen abzurufen und zu nutzen.

Über die Steuerung von Gedanken ist es sogar möglich, Befindlichkeit und Gesundheit zu beeinflussen und Stress zu vermeiden. Das zeigen Untersuchungen der Psychoonkologie: Im Rahmen der Behandlung werden über verhaltenstherapeutische Techniken positive Gedanken gestärkt und negative Gedanken entschärft. Visualisierungstechniken werden eingesetzt, um die Kraft der Gedanken stabilisierend zu nutzen.[52]

Mentaltraining umfasst eine Vielzahl psychologischer Trainingsmethoden, mit deren Hilfe jeder in der Lage ist, seine Fähigkeiten positiv zu beeinflussen, Ängste zu überwinden, selbstbewusster zu werden und mehr Erfolge zu feiern.

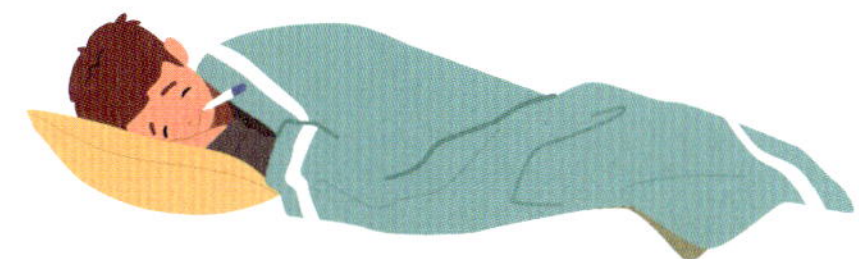

Mentale Stärke lässt sich trainieren:

- Stoppen Sie negative Gedanken. Unterbrechen Sie die üblichen Gedankenspiralen, was alles passieren könnte oder wie böse Ihnen das Schicksal mitspielt.
- Treffen Sie Ihre eigenen Entscheidungen.
- Akzeptieren Sie Veränderungen.
- Bleiben Sie fokussiert, konsequent und konzentriert, bündeln Sie Ihre Kräfte und vermeiden Sie, sich zu verzetteln und sich auf Abwege zu verirren.

Gelassenheit als emotionale Pausentaste

Manche Eltern sind überfordert, gereizt, gestresst, ausgelaugt und reagieren aggressiv und wütend gegenüber ihren Kindern. Sie schreien sie an, was sie meist bereits kurze Zeit später zutiefst bereuen. Was sie in dem Moment bräuchten, ist eine *emotionale Pausentaste*, die sie drücken könnten, um sich aus dem Hamsterrad des Getrieben-Seins befreien zu können.

Obwohl sie ihre Kinder lieben und sich nie im Traum hätten vorstellen können, sie so anzuschreien, fragen sie sich dann: *„Ich liebe mein Kind doch, wieso habe ich es so angeschrien? Ich verstehe nicht, was in mich gefahren ist. Natürlich habe ich mich entschuldigt, aber am liebsten wäre mir, ich würde vorher merken, dass ich etwas tue, was ich eigentlich nicht möchte."*

Vivian, 31:

Den ganzen Nachmittag lang war meine zweijährige Tochter Mia schon maulig und mir fiel es immer schwerer, ruhig zu bleiben. Um Mia zu beruhigen, gab ich ihr einen Schokokeks und einen Becher Milch. ‚Der Keks ist doof und die Milch auch.' Mia warft den Becher um und versaute meine Hose und natürlich den Tisch und den Boden. Ich sah nur noch rot und schrie meine Tochter an, packte

sie sehr fest und warf sie mit voller Wucht in ihr Bettchen. Ich ging wieder runter in die Küche, Mia weinte oben. Das schlechte Gewissen ergriff mich. Wie konnte ich mich nur so gehen lassen? Warum hatte ich mich so provozieren lassen? Wie konnte ich so furchtbar wütend auf Mia werden? “

Nicht nur Vivian verliert im Erziehungsalltag ihre Fassung. Kinder können ihre Eltern überfordern, hilflos und aggressiv machen. Nicht immer verhalten sie sich in so einer Situation pädagogisch richtig. Fast alle Eltern schreien ihr Kind irgendwann einmal laut an oder fassen es grob an. Die meisten schaffen es immerhin, den eignen Zorn so zu zügeln, dass ihnen die Hand nicht ausrutscht.

Doch woher kommt diese Wut, in der das geliebte Kind nur noch als schrecklich wahrgenommen wird? Sie kann viele Ursachen haben. Oft sind Eltern verunsichert, wie sie ein Kind erziehen sollen. Sie möchten alles richtig machen und fühlen sich dabei überfordert. In Auseinandersetzungen mit ihrem Kind fühlen sie sich dann machtlos und frustriert. Aus Verunsicherung und Überforderung entsteht Wut.

Aber auch eine allgemeine Unzufriedenheit mit dem Alltag als Hausfrau und Mutter oder permanenter Zeitdruck durch die Doppelbelastung von Berufstätigkeit und Familie können stressen und reizbar machen. Wenn der Nachwuchs dann auch noch besonders laut, frech oder störrisch ist, ist der Bogen bei den ohnehin so strapazierten Nerven überspannt und die Wut bricht durch.

Es kann auch ein konkretes Verhalten des Kindes sein, das besonders ärgert. Wenn ein Kind besonders bummelt, obwohl die Mutter einen wichtigen Termin hat, oder mitten im Supermarkt einen Schreianfall bekommt, kann das Stress und Aggressionen auslösen.

Britta Hahn macht sich in ihrem Buch „Mama, was schreist du so laut?“[53] Gedanken darüber, warum Eltern ihre Kinder anschreien oder sogar schlagen, obwohl Kinder ein gesetzlich verbrieftes Recht auf eine gewaltfreie Erziehung haben.

Sie reflektiert, was in Kindern vorgeht, wenn sie von ihren Eltern angeschrien werden. Für kleine Kinder ist es bedrohlich, so von oben herab angeschrien zu werden. Sie fangen an zu weinen, denn schreiende Eltern kommen ihnen wie große, gefährliche Monster vor. Problematisch ist vor allem, dass sich Kinder durch viele und heftige Streitereien ihrer Eltern nicht mehr sicher fühlen.

Das Anschreien der Eltern kann zu einem unerwünschten Effekt führen: Wenn Kinder merken, dass sie es schaffen, ihre Eltern zum Ausrasten zu bringen, erkennen sie, dass sie Macht haben, deren Gefühle zu manipulieren. Sie nehmen wahr: Ich bin stärker als meine Eltern.

Eltern wissen, dass Gewalt in jeglicher Hinsicht verboten ist und Kinder ein Recht auf eine gewaltfreie Kindheit haben. Sie wissen, dass sie ihre Kinder nicht anschreien, demütigen, verletzen oder schlagen dürfen, und dennoch passiert es aufgrund von Stress und Überforderung immer wieder. Verzweifelte Eltern fragen sich dann: *„Wie wäre das zu vermeiden gewesen?“*

Um Überforderung und Stress zu beherrschen, ist es notwendig, Stressfallen zu erkennen.

Die größten Stressfallen sind:

1. *Ja sagen:* Eltern trauen sich kaum, Nein zu sagen, da sie fürchten, die Liebe ihrer Kinder oder Familie zu verlieren. Sie nehmen von allen Seiten „Aufträge“ an, obwohl sie bereits am Limit sind, und überfordern sich damit.
2. *Nicht delegieren können*: Eltern sagen sich: *„Bevor es falsch gemacht wird, mache ich es lieber selbst!“* Sie hätten am liebsten die Kontrolle über alles und jeden, damit sich nichts ihren Plänen und Zielen in den Weg stellt. Dabei übergehen sie auch mal Bedürfnisse anderer und halsen sich Arbeit auf, die sie delegieren könnten. Und weil sie alles, was sie tun, auch richtig machen wollen, sind Stress und Leistungsdruck an der Tagesordnung.

3. *Ärger*: Ärger kann Eltern an ihre Grenzen bringen und den Stresslevel erhöhen. Hilfreich ist es dann, innezuhalten und zwischen Reiz und Reaktion einen Raum der Besinnung zu schaffen. Besonnenheit ermöglicht einen ruhigen Blick auf die Situation und so wird es möglich, die Perspektive zu wechseln und nicht unmittelbar handeln zu müssen, sondern Kopf und Herz zusammenwirken zu lassen.
4. *Schlechtes Zeitmanagement*: Wer nach einem anstrengenden Arbeitstag das Gefühl hat, nichts geschafft zu haben, und vor lauter Kleinkram nicht zu wichtigen Aufgaben kommt, hat offensichtlich ein schlechtes Zeitmanagement. Ein gutes Zeitmanagement ist aber notwendig, um nicht in die Stressfalle zu tappen und die Nerven zu schonen.

Nach dem Erkennen der individuellen Stressfalle sollten Eltern überlegen, wie sie ihr entkommen können. Dabei ist es wichtig, sich bewusst zu machen, dass Stress meist ein mentales Problem ist und dass *Gelassenheit* hilfreich ist, um in stressauslösenden Situationen Ruhe zu bewahren.

Gelassenheit ist ein gedanklicher Zustand von Souveränität, Unaufgeregtheit und Angstfreiheit und zeichnet sich dadurch aus, dass man Unabänderliches akzeptiert und damit angemessen umgeht. Wer gelassen ist, begegnet sich selbst und anderen mit Milde, Nachsicht und Großzügigkeit. Er weiß um Fehler und Mängel – bei sich selbst und bei anderen – und kann gut damit leben. Gelassen zu sein bedeutet auch, Unvollkommenheit zulassen zu können.

Achtsamkeit ist eine Voraussetzung für Gelassenheit. Ein Beispiel: Sie kommen müde nach Hause und Ihre Kinder haben das Haus in ein Chaos verwandelt. Frustriert wie Sie sind, würden Sie jetzt normalerweise in Schimpftiraden ausbrechen. Sie könnten sich aber auch fragen: *„Würde das etwas an meiner aktuellen Situation ändern? Und würde mich diese Sache auch morgen, in einer Woche oder in einem Monat noch ärgern?"*

Durch Achtsamkeit ist es möglich, Affekte zu stoppen oder wenigstens abzubremsen. Achtsamkeit schult Sie darin, geduldiger zu werden, manche Dinge loszulassen und andere so anzunehmen, wie sie sind. Das Ziel der Achtsamkeit besteht darin, aufmerksam wahrzunehmen, was jetzt gerade ist, ohne es zu bewerten und ohne sofort zu reagieren. Achtsame Menschen schätzen den gegenwärtigen Moment. Das Gestern ist vorbei, der morgige Tag ist Zukunftsmusik und das Heute ist alles, was zählt. Durch Achtsamkeit ist es möglich, Gelassenheit zurückzugewinnen.

Gelassene Eltern lassen sich nicht so schnell aus der Ruhe bringen und regen sich nicht über Kleinigkeiten auf. Sie nutzen Gelassenheit als emotionale Pausentaste und reduzieren damit ihren Aggressions- bzw. Stresspegel.

Gelassenheit kann man trainieren:

- Gelassenheit beginnt im Kopf: Zu viele Gedanken können schnell überfordern.
- Gelassenheit kommt von lassen: Reduzieren Sie Ihre Ansprüche an sich selbst und an andere.
- Nichts schafft mehr Gelassenheit, als sich klarzumachen, dass unsere Reaktion auf ein Ereignis eine subjektive Wertung ist, die im nächsten Moment (bzw. nach einer Nacht) schon wieder ganz anders aussehen kann.
- Gerade wenn Multitasking und stete Erreichbarkeit gefordert sind, drücken Sie die Pause-Taste. Das Nervensystem kann sich erholen, das Bewusstsein wird geschärft und Sie reagieren weniger emotional.
- Wer sich von Stresssituationen nicht sofort aus der Bahn werfen lassen will, sollte ihnen gelassen entgegentreten. Die Grundlage für diese Gelassenheit ist *Entspannung* (z. B. durch Yoga, Meditation, Autogenes Training, Progressive Muskelentspannung, Atemübungen).

Der wertschätzende Umgang mit sich selbst

Unter Selbstwertschätzung versteht die Psychologie die Bewertung, die man an sich selbst vornimmt. Beim wertschätzenden Umgang mit sich selbst geht es darum, mit sich selbst befreundet zu sein, d. h. sich wie einen besten Freund oder eine beste Freundin zu behandeln. Es geht darum, sich selbst positiv und offen gegenüberzustehen und auf eigene Bedürfnisse und Grenzen zu achten.

Für mich ist es immer wieder erschreckend, in Seminaren und Beratungen feststellen zu müssen, dass selbst sehr gut ausgebildete, profilierte, tüchtige Eltern wenig wertschätzend und achtsam mit sich selbst umgehen. Stattdessen sind sie selbst oft ihre schärfsten Kritiker. Viel haben sie gelernt und vorzuweisen, nur die Kunst, sich selbst wertzuschätzen, war weder in der Schule noch im Studium oder in der Berufsausbildung auf ihrem Lehrplan.

Selbstwertschätzung beginnt damit, sich selbst als wertvoll zu erachten. Ein stabiler Selbstwert zeichnet sich durch eine gesunde Wertschätzung der eigenen Persönlichkeit aus. Ein positiver Selbstwert ist die grundlegende Gewissheit, dass man wertvoll ist, unabhängig von Leistung, Verhalten und persönlichen Fehlern.

Sich als wertvoll zu erachten bedeutet, sich mit all seinen Stärken und Schwächen anzunehmen. Um sich selbst besser wertzuschätzen, muss man lernen, sich objektiv zu beobachten. Auf dem Weg zur Selbstwertschätzung sollten Stärken herausgestellt und gelobt und Schwächen nicht ignoriert, aber konstruktiv genutzt werden.

Selbstwertschätzung bedeutet, Freundschaft mit sich selbst zu schließen. Was sich so leicht anhört, ist für viele Menschen sehr schwierig, denn viele von ihnen geraten in eine Falle der Selbstkritik und Selbstausbeutung. Aber nur wer sich selbst wertschätzen kann, kann auch andere wertschätzen.

Menschen mit geringem Selbstwertgefühl konzentrieren sich auf ihre Schwächen, bagatellisieren ihre Stärken und sehen ihren Selbstwert oft an Taten gebunden. Das heißt, sie empfinden sich nur dann als wertvoll, wenn sie erfolgreich sind, etwas leisten und Lob und Anerkennung von anderen erhalten. Leider ist es so, dass Eltern mit geringer Selbstwertschätzung dieses Defizit aus ihrer Erziehung unbewusst an ihre Kinder weitergeben.

Eine gesunde Selbstwertschätzung kann aber in jedem Alter erlernt werden, und das hat viele Vorteile. Indem Sie sich als Eltern selbst liebevolle Aufmerksamkeit schenken, befreien Sie sich von der Reaktion und Bewertung anderer Menschen. Der Tag beginnt bereits anders, wenn Sie morgens in den Spiegel schauen und sich selbst liebevoll begrüßen: *„Guten Morgen, alles ist gut!“*

Sie können sich auch selbst wertschätzen, indem Sie sich auf die Schultern klopfen, sich loben und etwas Gutes über sich selbst sagen:

- *„Das muss mir erst mal einer nachmachen!“*
- *„Das ist mir wirklich gut gelungen.“*
- *„Darauf bin ich stolz.“*

Selbstwertschätzung kann sich auch dadurch ausdrücken, dass Sie sich für etwas belohnen. Das kann z. B. das Anhören Ihrer Lieblingsmusik oder das Genießen Ihres Lieblingsgetränks sein. Sie können sich auch etwas gönnen, z. B. eine Massage oder einen Saunabesuch.

Ihre Selbstwertschätzung kann ganz sanft bewirken, dass Sie immer unmittelbarer spüren, was Ihnen guttut und was nicht. Mit der Zeit wird es Ihnen immer leichter fallen, klar zu kommunizieren, was Sie mögen und was nicht. Sie können mit einem klaren Ja oder Nein Entscheidungen treffen und Ihre Position einnehmen. So kann Ihr Verhalten für Sie selbst und für andere immer authentischer werden. Eine gute Beziehung zum eigenen Ich ist die Grundlage für gute Beziehungen zu anderen Menschen.

Selbstwertschätzung beinhaltet Selbstliebe. Das bedeutet, alles von sich zu akzeptieren und mit Wohlwollen zu pflegen, auf sich zu achten und sich mit Respekt zu begegnen – körperlich, emotional und mental. Je mehr Ihre Selbstwertschätzung und Selbstliebe wachsen, umso sichtbarer und präsenter können Sie werden und sich mit all Ihren Ecken und Kanten, Stärken und Schwächen zeigen. Ein weiterer Effekt kann darin bestehen, dass Sie immer mehr den Impuls verspüren, die Liebe in sich auch mit anderen Menschen zu teilen, wie eine volle Schale, die vor Liebe und Freude überläuft.

Der Hl. Bernhard von Clairvaux (1090–1153), Abt der Zisterzienser, schrieb vor 900 Jahren einen Brief an seinen Zögling Papst Eugen III. Darin wies er mit der Metapher der gut gefüllten und überfließenden Schale der Liebe auf den Wert der Selbstempathie hin:

„Wenn du vernünftig bist, erweise dich als Schale und nicht als Kanal, der fast gleichzeitig empfängt und weitergibt, während jene wartet, bis sie gefüllt ist … Auf diese Weise gibt sie das, was bei ihr überfließt, ohne eigenen Schaden weiter …

Lerne auch du, nur aus der Fülle auszugießen und habe nicht den Wunsch freigiebiger zu sein als Gott. Die Schale ahmt die Quelle nach. Erst wenn sie mit Wasser gesättigt ist, strömt sie zum Fluss, wird zur See. Die Schale schämt sich nicht, nicht überströmender zu sein als die Quelle …

Ich möchte nicht reich werden, wenn du dabei leer wirst. Wenn du nämlich mit dir selbst schlecht umgehst, wem bist du dann gut? Wenn du kannst, hilf mir aus deiner Fülle, wenn nicht, schone dich."

Bernhard von Clairvaux drückt mit seiner Metapher aus, dass man wertschätzend, achtsam, liebevoll und mit Selbstempathie mit sich umgehen soll. Wer energie- und kraftlos ist, für den ist es erst einmal wichtig, seine Energie (seine Schale) wieder aufzufüllen, um dann aus seiner Fülle geben zu können. Genau genommen kann jedes einzelne Bedürfnis auch als eigene Schale dargestellt werden. Die Wahrnehmung dafür, wie voll die eigenen Schalen sind, führt nicht zu einer übermäßigen Selbstfürsorge, die als Egoismus bezeichnet werden kann, sondern zu einem gesunden Maß an Selbstfürsorge.

Auch für Eltern bedeutet das, gut für sich selbst zu sorgen und den eigenen Energiespeicher (die eigene Schale) zu befüllen, um dann aus vollem Herzen zu geben. Wenn man diesen Grundsatz längere Zeit vernachlässigt, führt das früher oder später direkt zur *Erschöpfung* und dann ist man leider niemandem mehr eine Hilfe oder Stütze. Selbstwertschätzung bedeutet nicht nur Selbstempathie, sondern auch Selbstfürsorge und Selbstschutz.

Selbstfürsorge ist auch für Eltern am Limit wichtig und besteht darin, eigene Bedürfnisse und Grenzen zu erkennen und sich selbst nicht zu überfordern. Selbstfürsorge hat nichts mit Egoismus zu tun. Im Gegenteil. Mit gesunder Selbstfürsorge sind Eltern dazu in der Lage, Verantwortung für sich selbst zu übernehmen. Je mehr sie sich selbst mit Achtsamkeit, Mitgefühl und Liebe begegnen, desto aufrichtiger können sie auch anderen, z. B. Kindern oder pflegebedürftigen Eltern, begegnen.

Nun werden Sie sich bestimmt fragen: Wie ist es überhaupt in der Rushhour des Lebens möglich, Selbstfürsorge zu praktizieren?

Es geht zunächst um ein Gefühl der Achtsamkeit sich selbst gegenüber. Das setzt voraus, dass Sie Ihre eigenen Bedürfnisse wahrnehmen. Hierzu können folgende Fragen hilfreich sein:

- Wie geht es mir?
- Was tut mir gut?
- Was wird mir zu viel?
- Was geht mir zu weit?
- Wie kann ich im Berufs- und Privatleben besser für mich sorgen?
- Wie gelingt es mir, meine Grenzen besser zu wahren und mich im Blick zu behalten?

Wenn Sie sich diesen Fragen zuwenden, lernen Sie im ersten Schritt, Ihre eigenen Bedürfnisse bewusster wahrzunehmen und Kraft aus Ihren persönlichen Ressourcen zu schöpfen. Im zweiten Schritt reduzieren Sie Ihre „Energieräuber“ und räumen allem, was Ihnen guttut, die richtige Priorität ein. Der dritte

Schritt beim Erlernen der Selbstfürsorge besteht darin, einen persönlichen *Selbstfürsorge-Plan* zu entwerfen, damit Selbstfürsorge zum täglichen Programm wird und Sie gegen Manipulationen, das Einreden eines schlechten Gewissens oder Scham resistent macht.

Entspannung für gestresste Eltern

Stress kennen wir alle, vor allem Eltern. Im Alltag kann einem schnell mal alles zu viel werden. Job, Haushalt, quengelnde Kinder und ein Berg voll Wäsche, der jeden Tag wächst. Stress haben viele Eltern und er wirkt sich nicht nur negativ auf ihr Wohlbefinden, sondern auch auf den Umgang mit ihren Kindern aus. Was hilft, sind Entspannungsübungen, positive Gedanken und ab und an zur Ruhe zu kommen.

Jeder Mensch braucht Phasen der Ruhe und der tiefen Entspannung. Stimmt die Balance zwischen Anspannung und Entspannung nicht mehr, gerät man emotional aus dem Gleichgewicht. Wohlbefinden und Gesundheit der ganzen Familie sind dann in Gefahr.

Wer den energetischen Fluss seines Körpers fördern möchte, sollte darauf achten, den stressigen und beanspruchenden Phasen ganz bewusst Zeiten der Erholung folgen zu lassen. Niemand kann ununterbrochen Höchstleistungen erbringen. Irgendwann ist der „Akku" einfach leer und muss wieder aufgeladen werden. Das bedeutet: Wer viel leistet, braucht auch viel Entspannung.

Das Herbeiführen eines Entspannungszustands kann trainiert werden. Entspannungsverfahren wirken vor allem auf das autonome Nervensystem. Sie sind gerade in Zeiten großer Beanspruchung wichtig. Dabei ist die richtige Balance zwischen An- und Entspannung von zentraler Bedeutung für das Wohlbefinden.

Es gibt eine ganze Reihe von Maßnahmen, um das außer Takt geratene innere Gleichgewicht wiederherzustellen, das Wohlbefinden zu steigern und Erkrankungen vorzubeugen. Der zentrale Gedanke, der alle Techniken miteinander verbindet, ist der Fokus auf regelmäßige Ruhephasen im von Stress gezeichneten Alltag.

Bei der Vielzahl der möglichen Entspannungstechniken – *Yoga, Meditation, Autogenes Training* – ist es wichtig, herauszufinden, welche Entspannungstechnik zu Ihnen passt.

Fragen Sie sich:

- Was bedeutet Entspannung und warum ist sie wichtig für mich?
- Was sind Entspannungstechniken und wozu sind sie gut?
- Welche Entspannungstechniken gibt es?
- Welche Entspannungstechnik ist die richtige für mich?

Entspannung ist ein zeitlich begrenzter Zustand, in dem die körperliche und psychische Aktivität heruntergefahren wird. Entspannung kann auf mehreren Ebenen betrachtet werden:

- auf körperlicher Ebene
- auf Verhaltensebene
- auf emotionaler Ebene
- auf kognitiver Ebene

Entspannungstechniken sind eine Möglichkeit, die Gesundheit zu fördern, weil sie stressregulierend wirken und die Selbstheilungskräfte stärken. Im Alltag bezeichnen wir mit Entspannung alle Aktivitäten, die zu unserer persönlichen Erholung beitragen.

Das Herbeiführen eines Entspannungszustands kann trainiert werden. In den letzten Jahren hat sich *Yoga* zu einem richtigen Trend entwickelt. Yoga ist eine tausend Jahre alte Praxis aus Indien, zu der körperliche und geistige Übungen gehören. Sie sollen der Fitness und der Gesundheit zuträglich sein. Es geht vor allem um Bewegung, Gesundheit und Stressabbau. Yoga umfasst verschiedene Ebenen: Körperübungen, Atmung und Meditation. Bewegung ist bekanntermaßen gesund, Atmung wirkt positiv auf Herz, Gefäße und Lunge und Meditation bringt den Geist zur Ruhe.

Bei *Atemübungen* und *Meditationen* wird die Aufmerksamkeit auf das „Innere“ gelenkt. Der Fokus liegt in sanften, ineinanderfließenden Bewegungen im Zusammenspiel mit der Atmung.

Beim Begriff *Meditation* denken viele zuerst an spirituelle Praktiken mit langer Tradition in fernöstlichen Kulturen. Meditation ist ein Oberbegriff für eine Reihe von Achtsamkeits- und Konzentrationsübungen, die das Ziel haben, einen Zustand innerer Ruhe zu erreichen. Es gibt zahlreiche Varianten – im Liegen oder Sitzen oder sogar in Bewegung. Der Kern aller Meditationsübungen ist allerdings die *Bündelung der Aufmerksamkeit*. Dabei kann man seine Konzentration unterschiedlich ausrichten: auf die Atmung, auf körperliche Empfindungen, Emotionen oder Geräusche.

Das *Autogene Training* ist eine weit verbreitete, auf Autosuggestion basierende Entspannungstechnik, mit der das Ziel verfolgt wird, sich selbst in einen Zustand der Entspannung zu versetzen. Dabei wird versucht, körperliche Funktionen wie Durchblutung, Pulsschlag und Atmung gezielt in einen Ruhezustand „umzuschalten“. Autogenes Training gehört zu den eher anspruchsvollen Entspannungstechniken, weil diese Form der *„Selbst-Hypnose“* oft erst nach längerer Übung wirklich gelingt.

Progressive Muskelentspannung ist eine Entspannungstechnik, bei der einzelne Körpermuskeln gezielt angespannt und wieder losgelassen werden. Sie soll nicht nur körperlichen Beschwerden vorbeugen, sondern auch das psychische Wohlbefinden steigern. Bei den Übungen werden einzelne Muskelgruppen für etwa zehn Sekunden angespannt und anschließend für etwa 30 Sekunden wieder entspannt. Dies wird nacheinander mit verschiedenen Muskelgruppen am ganzen Körper wiederholt. Diese Übungen sollen auch die Körperwahrnehmung verbessern. Man erkennt auf Dauer besser, wo im Körper man gerade angespannt ist, und kann so frühzeitig einer Verspannung entgegensteuern.

Traumreisen kann man als eine Art gelenkten Tagtraum beschreiben. Hierbei geht es nicht darum, tatsächlich zu schlafen und zu träumen, sondern sich im

Wachzustand gedanklich eine Auszeit zu nehmen. Die Fantasie wird eingesetzt, um sich in der Vorstellung an einen anderen Ort zu begeben. Deshalb nennt man sie auch „Fantasiereisen". Man stellt sich dabei zum Beispiel vor, man sitzt in einem Lokal unter Weinlaub an der Strandpromenade des Gardasees bei einem Glas Wein und genießt Menschen und Landschaft. Dabei aktiviert man alle sinnlichen Wahrnehmungsformen (Sehen, Hören, Fühlen, Riechen und Schmecken). Indem man sich den Fantasieort mit allen Sinnen vorstellt, verlässt man gedanklich seine aktuelle Situation und macht kurzzeitig „Urlaub" von dem, was um einen herum geschieht.

Unterstützung suchen – Beratungsstellen für Eltern am Limit

Im Idealfall ist die Familie der Ort, an dem Eltern ihren Kindern Wurzeln und gleichzeitig Flügel geben. Herausforderungen und Krisen können Eltern und Familien jedoch empfindlich beeinträchtigen und je nach Schwere der Krise in ihren Grundfesten erschüttern. Dann ist es hilfreich, auf Unterstützung zurückgreifen zu können. Diese besteht zunächst aus dem persönlichen Umfeld – Familie, Freunde und soziale Netzwerke. Neben der Unterstützung aus dem nahen Umfeld gibt es aber auch verschiedene Institutionen, die Hilfe anbieten.

Überforderung mit der Situation zu Hause kann viele Ursachen haben, wie in Teil 1 ausführlich beschrieben wurde: Die Unvereinbarkeit von Familie und Beruf, kranke oder verhaltensauffällige Kinder, finanzielle Probleme oder Erziehungsschwierigkeiten können den Stresslevel sehr stark ansteigen lassen. Kommen mehrere Probleme zusammen, kann die Situation leicht kippen. Doch auch der ganz normale Alltagsdruck kann die Eltern langsam, aber stetig zur Überlastung bringen. Die Folgen sind dann Gereiztheit, Eltern, die ihre Kinder anschreien und die von einem Gefühl der Niedergeschlagenheit überwältigt werden.

Wenn Eltern alles zu viel wird, brauchen sie Hilfe.

In Deutschland gibt es viele Angebote, die stark überforderte Eltern unterstützen, z. B.:

- Frühförderung
- Eltern- und Familienberatung
- Erziehungsberatung
- Familienhilfen
- das Müttertelefon
- Eltern-Kind-Kuren

Hauptansprechpartner ist stets das Jugendamt. Daneben bieten verschiedene karitative Einrichtungen Eltern, Kindern und Jugendlichen Unterstützung an (siehe „Hilfreiche Adressen" auch für Österreich und die Schweiz, S. 155 ff.).

Frühförderung

Besonders Kinder mit körperlichen, psychischen und seelischen Beeinträchtigungen können eine Herausforderung für die Eltern sein. Um den Eltern unter die Arme zu greifen, gibt es spezielle Frühförderangebote. Die Leistungen sollen der gesamten Familie helfen, mit einer chronischen Krankheit oder Behinderung eines Kindes bestmöglich umzugehen.

Wer Auffälligkeiten bei seinem Kind feststellt, sollte nicht zögern, sich bei einer Beratungsstelle für Frühförderung zu melden oder einen Kinderarzt zu kontaktieren. Durch eine Früherkennung und eine frühe Förderung wird versucht, die Beeinträchtigungen aufzuhalten bzw. die Folgen davon abzuschwächen.

Frühförderung ist stets kostenlos und wird Familien unabhängig von ihrer finanziellen Situation geboten. Die Leistungen können von Kindern zwischen 0 und 6 Jahren in Anspruch genommen werden, wenn sie durch die Beeinträchtigung wesentlich an der Teilhabe am Gesellschaftsleben gehindert sind bzw. zukünftig wären.

Eltern- und Familienberatung
Eltern und Familien stehen unterschiedliche Beratungsangebote offen, die sie bei der Erziehungsaufgabe stärken. Sie können auf unterschiedliche Angebote der Unterstützung und Förderung der Erziehung in der Familie zurückgreifen. *Familienbildung* vermittelt mit ihren Angeboten – zumeist in Kursen, bei Informationsabenden, Elterncafés oder offenen Beratungsstunden – wissenschaftlich fundiertes Erziehungswissen und gibt Tipps, Hinweise und Informationen rund um den Familienalltag in allen Lebensphasen: von der Geburtsvorbereitung über die Trotzphase und Pubertät bis zum Auszug der Kinder. Die Bildungsangebote stehen allen Eltern unabhängig von einem konkreten erzieherischen Bedarf offen. Sie sollen vorbeugend positiv auf die Erziehung wirken. Sie umfassen Angebote zur Stärkung der Erziehungskompetenz ebenso wie zur Gesundheitsförderung, zur kulturellen Bildung, Haushaltsführung, Lebensführung, im Freizeitbereich und zum sozialen Engagement.

Träger der Familienbildung sind:

- Forum Familienbildung in der evangelischen Arbeitsgemeinschaft Familie e. V. (info@eaf-bund.de)
- Katholische Bundesarbeitsgemeinschaft für Einrichtungen der Familienbildung (https://www.familienbildung-deutschland.de)
- AWO Bundesverband e. V. (info@awo.org)
- Arbeitsgemeinschaft für katholische Familienbildung e. V. (www.akf-bonn.de)
- Paritätisches Bildungswerk – Bundesverband (https://pb-paritaet.de/)
- Deutsches Rotes Kreuz (drk@drk.de)
- Deutsche Evangelische Arbeitsgemeinschaft für Erwachsenenbildung e. V. (info@deae.de)

Neben dem präventiven Bildungsangebot, das die o. a. Veranstalter anbieten, wird auch regionale Akuthilfe angeboten. In *Erziehungsberatungsstellen* bieten Fachkräfte Unterstützung bei Erziehungsfragen sowie bei persönlichen oder familienbezogenen Problemen und geben eine erste Orientierung in Krisensituationen. Die Beratung ist freiwillig und vertraulich, d. h., die Berater(innen) unterliegen der Schweigepflicht. Familien- und Erziehungsberatung soll bei individuellen und familienbezogenen Problemen, bei der Klärung von Erziehungsfragen und bei Trennung und Scheidung unterstützen.

Erziehungsberatung

Eine *Erziehungsberatung* ist eine kostenlose Hilfe für Kinder, Jugendliche, Eltern und andere Erziehungsberechtigte. In Erziehungsberatungsstellen bieten Fachkräfte Unterstützung bei Erziehungsfragen sowie bei persönlichen oder familienbezogenen Problemen und geben eine erste Orientierung in Krisensituationen.

Bei *Erziehungsproblemen* oder wenn das Wohl des Kindes oder Jugendlichen gefährdet ist, können Eltern sich an das Jugendamt wenden. Dieses ist verpflichtet, zu helfen. Volljährige können auch selbst zum Jugendamt gehen.

Warum sind Beratungen wichtig?

Durch Beratung entsteht idealerweise Veränderungsfähigkeit. Wer eine Erziehungsberatung in Anspruch nimmt, lernt Methoden und Kompetenzen kennen, um sich effektiv, selbstständig und eigenverantwortlich weiterzuentwickeln. In der Beratung geht es u. a. um den Erwerb von Fachwissen, das die eigenen Handlungsoptionen erweitern kann.

Hilfen zur Erziehung sind freiwillig und kostenlos. Erziehungsberatung wird in der Regel über ein institutionelles Budget aus kommunalem Entgelt/Zuschuss, Eigenmitteln und gegebenenfalls Landesförderung finanziert.

Welche Hilfen zur Erziehung gibt es?

- Erziehungsberatung
- soziale Gruppenarbeit
- Erziehungsbeistand, Betreuungshelfer

- sozialpädagogische Familienhilfe
- Erziehung in einer Tagesgruppe
- Vollzeitpflege
- Heimerziehung oder betreute Wohnformen

Familienhilfen

Die *sozialpädagogische Familienhilfe* ist eine Form der Erziehungshilfe, die ambulant in der Familie erbracht wird und meist auf längere Dauer angelegt ist. Ihre Aufgabe ist es, Familien durch intensive Betreuung und Begleitung zu unterstützen. Das Hauptaugenmerk ist auf eine gute Entwicklung der Kinder gerichtet. Familien in Not können sich jederzeit an das örtliche Jugendamt wenden, das „Hilfe zur Selbsthilfe" anbietet. Die Familie erhält für eine bestimmte Zeit einen Sozialpädagogen als Familienhelfer, der sie zu Hause besucht und die Erziehungskompetenz der Eltern fördert. Er zeigt ihnen Handlungsmöglichkeiten auf oder gibt Tipps, wie die Familie ihren Alltag besser strukturieren und organisieren kann. Auch Hilfe bei Behördengängen oder beim Ausfüllen von Formularen ist manchmal erforderlich.

Die sozialpädagogische Familienhilfe nimmt unter den Hilfen zur Erziehung eine besondere Stellung ein. Sie orientiert sich am gesamten Familiensystem und am Netzwerk mit seinen Erziehungs- und Beziehungsproblemen, seinen sozialen und materiellen Schwierigkeiten und Ressourcen. Sie erfordert deshalb auch die Mitarbeit der ganzen Familie.

Wie oft die Familienhilfe tätig wird, hängt von den jeweiligen Verhältnissen ab. Anfangs finden die Besuche etwas häufiger statt, damit sich die Mitarbeiter der ein Bild von den Lebensumständen der Familie machen können. Je nachdem, wie viel Hilfe benötigt wird, kann das bis zu fünfmal pro Woche sein.

Die Familienhilfe findet bei den betroffenen Familien zu Hause statt und umfasst zwischen 10 und 20 Stunden über eine Woche verteilt. Die Dauer der Familienhilfe wird zumeist mit ein bis zwei Jahren festgelegt.

Wenn Sie intensive Unterstützung benötigen, können Sie beim Jugendamt einen Antrag auf Erziehungshilfe stellen. Die Fachkraft eruiert dann mit den Eltern und ihren Kindern, ob die Situation für die Kinder oder Jugendlichen mit einer Hilfe zur Erziehung verbessert werden kann. Das Ziel besteht stets darin, dass die Familie als Ganzes funktioniert und nicht mehr auf die Hilfe anderer angewiesen ist.

Bei schweren Krankheiten oder einer Kur eines Elternteils gibt es die Möglichkeit, eine *Haushaltshilfe* zu engagieren. Diese wird, je nach Umständen, von der gesetzlichen oder privaten Krankenkasse finanziert. Fragen Sie am besten direkt bei der Familienhilfe der Jugendämter nach.

Das Müttertelefon

Da Mütter besonders belastet sind, wenn sie alleinerziehend sind oder wenn ein Kind krank oder anderweitig auffällig ist, gibt es als niedrigschwelliges Angebot das *Müttertelefon*. Es steht besonders alleinerziehenden Müttern jeden Abend zwischen 20 und 22 Uhr unter der Nummer 0800-333 2 111 zur Verfügung. Mütter können dort anonym und kostenlos über ihre Sorgen reden und sich Rat holen (https://www.muettertelefon.de).

Neben dem Müttertelefon gibt es noch *Krisentelefone* als Anlaufstelle in Not (https://familienportal.de).

Eltern-Kind-Kuren

Eltern sind oft belastet und erschöpft. Das war besonders in den Corona-Lockdowns erkennbar. Mütter und Väter waren durch den Spagat zwischen Kinderbetreuung und häuslichem Schulunterricht, Beruf und Haushalt besonders belastet.

Grundsätzlich kann für Eltern mit großer Überlastung eine Auszeit im Rahmen einer *Eltern-Kind-Kur* hilfreich sein. Bekannt sind die Eltern-Kind-Kuren, die vom Müttergenesungswerk angeboten werden. Mit einem solchen Angebot soll die Mehrfachbelastung von Müttern, Vätern und Kindern zumindest für eine bestimmte Zeit abgeschwächt werden. Es ist eine Maßnahme zur Vorbeugung und Rehabilitierung (Reha), um Eltern in besonderen Belastungssituationen professionelle Hilfe anzubieten. In diesen Auszeiten stehen die Bedürfnisse der Eltern im Vordergrund.

Die Kuren werden von der Krankenkasse bezahlt und können alle vier Jahre in Anspruch genommen werden. Sie dauern in der Regel drei Wochen. Programmpunkte sind u.a. Bewegung und Sport, Behandlungen, Entspannungsmaßnahmen und Beratungsgespräche zu verschiedenen Themen wie z.B. Ernährung. Die Kinder werden während der Kur in altersgerechten Gruppen betreut. Sofern notwendig, können auch die Kinder spezifisch behandelt werden. Dies ist im Vorfeld mit dem Kinderarzt abzusprechen.

Lebenszufriedenheit durch Work-Life-Balance

Die Bedürfnisse von Kindern mit einem anspruchsvollen Job in Einklang zu bringen ist eine Aufgabe, der sich viele Eltern kaum gewachsen fühlen. Wenn das Familienleben neben der Arbeit nicht zu kurz kommen soll, braucht es einen Ausgleich.

Work-Life-Balance ist das Zauberwort für Lebenszufriedenheit trotz Stress. Das richtige Maß zwischen Beruf und Privatleben zu finden und beides in ein gesundes Gleichgewicht zu bringen ist eine der größten Herausforderungen unserer Zeit. Familie, Freizeit, Selbstfürsorge und Beruf zu vereinbaren ist ein Balanceakt.

Es gilt als erwiesen, dass diejenigen, die sich innerlich im Gleichgewicht befinden, gesünder und ausgeglichener sind und über mehr Energie verfügen. Erwiesen ist auch, dass eine Unvereinbarkeit von Beruf, Privatleben und Freizeit negative Folgen wie Frust, Überarbeitung und Stress bis hin zu Erkrankungen wie Burn-out oder Depression haben kann. Ein Leben in Balance ist deshalb die Voraussetzung für körperliche und seelische Gesundheit und Leistungsfähigkeit.

Wenn Sie sich als Elternteil am Limit fühlen, werden Sie sich fragen, wie es Ihnen möglich sein kann, diese Balance zu erreichen. Ein Gleichgewicht zwischen den unterschiedlichen Lebensbereichen, die miteinander vereinbart werden sollen, lässt sich nur erreichen, wenn Sie selbst entscheiden, welche Bedeutung z. B. Privates und Arbeit in Ihrem Alltag haben sollen. Work-Life-Balance sollten Sie als ein fortwährendes Lernen, als einen ständigen Anpassungsprozess an sich verändernde Lebensphasen und neue Arbeitsbedingungen verstehen. Erst wenn sich dabei Wunsch und Wirklichkeit nicht mehr vereinbaren lassen, äußere Zwänge überhandnehmen und das Gefühl vorherrscht, fremdbestimmt zu sein, gerät das System ins Wanken. Der tägliche Spagat zwischen den unterschiedlichen Lebensbereichen ist dann nicht mehr Herausforderung, sondern Überforderung. Dies führt zwangsläufig dazu, dass ein Lebensbereich vernachlässigt und der andere stattdessen überbetont wird.

Um Ihr Leben in Balance zu bringen und zu halten, sollten Sie sich die Frage stellen: *„Wie steht es um die Balance in meinem Leben?"* Nehmen Sie sich ein paar Minuten Zeit für eine *Bestandsaufnahme* und machen Sie den Selbsttest zur Work-Life-Balance. Folgen Sie bei Ihrer Selbsteinschätzung einfach Ihrem ersten Impuls und seien Sie ehrlich zu sich selbst.

- Schaffe ich es, mein Arbeits- und Familienleben in Einklang zu bringen?
- Die Zeit, die ich in den Beruf investieren muss, fehlt mir oft für mein Familienleben.
- Meine Arbeit hält mich mehr von meinen familiären Aktivitäten ab, als mir lieb ist.
- Nach der Arbeit bin ich oft zu ausgelaugt, um familiären Verpflichtungen nachzukommen.
- Der hohe Druck bei der Arbeit führt oft dazu, dass ich keine Energie für meine Hobbys habe.

Wenn Sie sich diese Fragen ehrlich beantwortet haben, wissen Sie, welche Lebensthemen bei Ihnen zu kurz kommen. Die optimale Work-Life-Balance kann sehr unterschiedlich aussehen. Jeder sollte sich daher fragen, was er persönlich braucht, um sich wohlzufühlen.

Wenn Sie in Familie und Beruf permanent stark gefordert sind, brauchen Sie unbedingt Ausgleichsmöglichkeiten. Dazu ist es empfehlenswert, sich eine Liste von Aktivitäten zu erstellen, die Sie gerne machen, die Sie interessieren, die Sie schon immer einmal ausprobieren wollten und bei denen Sie entspannen und abschalten können.

Versuchen Sie außerdem, die Ausgleichsaktivität zu planen und *regelmäßig* in den Tagesablauf einzubauen. Wenn Sie abends zu müde sind, um Sport zu treiben, einem Hobby nachzugehen oder etwas zu unternehmen, dann entspannen Sie sich mit einem warmen Bad oder hören Sie beruhigende Musik. Die Hauptsache ist, dass Sie etwas tun, was Ihnen guttut.

Der beste Ausgleich, um nach dem täglichen Stress wieder in Balance zu kommen, besteht allerdings darin, die Organisation des Familienalltags zu optimieren, Pflichten besser aufzuteilen und etwas zu tun, das Sie in einen „Flow“ versetzt.

Das Urbild des Menschen im Flow ist das spielende Kind, das sich im glückseligen Zustand des Bei-sich-Seins befindet. Der amerikanische Psychologe und Depressionsforscher Martin Seligman konnte nachweisen, dass Menschen, die sich regelmäßig voller Kraft und Begeisterung in etwas vertiefen, z. B. beim Sport, beim Musizieren oder bei anderen Tätigkeiten, dabei regelrecht aufblühen.

Fazit: Schaffen Sie sich einen Ausgleich durch bewusste Zeitinseln und Leerzeiten in Ihrem Leben für mehr innere Ruhe und Lebenszufriedenheit. Setzen Sie bewusste Kontrapunkte zum Alltag – mit Aktivitäten, die keinen Zeitzwang auf Sie ausüben. Hobbys wie Lesen, Yoga, Wandern, Musik oder Malen sind gute Entschleuniger, die Ihre Work-Life-Balance unterstützen.

2 Hilfreiche Adressen

Deutschland

Ökumenische Telefonseelsorge: 0800 1110 111 oder 0800 1110 222

Erziehungsberatung: Kontakt über das örtliche Jugendamt

Sozialpädagogische Familienhilfe: Kontakt über das örtliche Jugendamt

Das Müttertelefon: anonym und kostenlos, 0800-333 2 111, abends von 20 bis 22 Uhr (https://www.muettertelefon.de)

Das Krisentelefon: Anlaufstelle in Not (https://familienportal.de)

Andere Kontakt- und Anlaufstellen:

- Forum Familienbildung in der evangelischen Arbeitsgemeinschaft Familie e. V., info@eaf-bund.de
- Katholische Bundesarbeitsgemeinschaft für Einrichtungen der Familienbildung, https://www.familienbildung-deutschland.de/
- AWO Bundesverband e. V., info@awo.org
- Arbeitsgemeinschaft für katholische Familienbildung e. V., www.akf-bonn.de
- Paritätisches Bildungswerk – Bundesverband, https://pb-paritaet.de/
- Deutsches Rotes Kreuz, drk@drk.de
- Deutsche Evangelische Arbeitsgemeinschaft für Erwachsenenbildung e. V., info@deae.de

Österreich

Telefonseelsorge: Telefonnummer 142

24-Stunden-Frauennotruf Wien: 01 71 71 9, frauennotruf@wien.at

Sozialpsychiatrischer Notdienst (SND) Wien: in psychischen Krisen rund um die Uhr als Not- und Krisendienst, 01 31330

Familienberatung:

- https://www.bundeskanzleramt.gv.at/service/familien-jugend-beratung/familienberatung.html
- Erzdiözese Wien: https://www.erzdioezese-wien.at/pages/inst/18762017/familienberatung
- Caritas: https://www.caritas.at/
- Kolping Österreich: https://www.kolping.at/beratung-in-lebenskrisen/familienberatung-familien-staerken/
- Diakonie: https://www.diakonie.at/unsere-angebote-und-einrichtungen/familien-und-erziehungsberatung

Elternberatung:

- https://www.elternberatung.at/
- https://www.trennungundscheidung.at/familien-eltern-oder-erziehungsberatung/berater/
- Rat auf Draht, eltern@rataufdraht.at

Pflege zu Hause/Angehörigenberatung Österreich:

- https://www.caritas-pflege.at/angehoerige/beratung
- https://www.fsw.at/p/pflegende-angehoerige
- https://www.ig-pflege.at/
- https://www.gesundheit.gv.at/leben/altern/wohnen-im-alter/pflegende-angehoerige-entlastungen-unterstuetzungen.html

Schweiz

Telefonseelsorge: Telefonnummer 143, anonym und rund um die Uhr

24-Stunden Frauen-Nottelefon Zürich: 052–213 61 61

Frauen-Nottelefon: 052 213 61 61, www.frauennottelefon.ch, info@frauennottelefon.ch

Kriseninterventionszentrum (KIZ): upd.gef.be.ch

„Die dargebotene Hand“: anonym, kompetent und immer erreichbar, täglich von 6–23 Uhr: 0800 143 000 oder www.heart2heart.143.ch

Elternberatung:

- Elternnotruf 24/7 rund um die Uhr: 0848 35 45 55, https://www.elternnotruf.ch Beratungsstelle bei Erziehungsfragen, Überforderung und Kindsmisshandlung, 24h@elternnotruf.ch, www.elternnotruf.ch
- Pro Familia Schweiz: 031 381 91 31, info@profamilia.ch
- Schweizerischer Fachverband Mütter- und Väterberatung: 062 511 20 11, info@sf-mvb.ch

Familienberatung:

- Familienberatung in der Region Basel:
  Erziehungsdepartement der Stadt Basel: ed-bs.ch
  Fachstelle für Familien-, Paar- und Erziehungsberatung (fabe): fabe.ch
  Frauenberatungsstelle familea: familea.ch
  Unterstützung für Alleinerziehende in der Region Basel: eifam.ch
  Elternhilfe und Familienbegleitung: elternhilfe.ch
  Familien-, Erziehungs- und Jugendberatung Basel: fejb.ch
  Netzwerk Kinderschutz Basel-Stadt: netzwerk-kindesschutz
  Schulpsychologischer Dienst Basel-Stadt: spd-basel.ch

- Familienberatung in der Region Bern:
  Departement für Gesundheit und Soziales Bern: bern.ch
  Ehe- und Familienberatung: eheundfamilienberatung.ch
  Ehe-Partnerschaft-Familie der evangelischen Kirche: eheberatung.ch
  Frauenzentrale Kanton Bern: frauenzentralebern.ch
- Familienberatung in der Region Luzern:
  Dienststelle Soziales und Gesellschaft Luzern: disg.lu.ch
  Sozialdirektion Kinder, Jugend und Familie Luzern: luzern.ch
  CONTACT Jugend- und Familienberatung: contactluzern.ch
  Ehe-, Lebens- und Schwangerschaftsberatung: elbeluzern.ch
  Frauenhaus Luzern: frauenhaus-luzern.ch
  Schulpsychologischer Dienst: schulpsychologieluzern.ch
- Familienberatung in der Region St. Gallen:
  Kinder- und Jugendhilfe St. Gallen: kjh.ch
  Beratungsstelle für Familien: familienberatung-sg.ch
  Ehe-, Lebens- und Familienberatung der evangelischen Kirche:
  eheberatung.ch
  Frauenzentrale St. Gallen: frauenzentrale.ch
- Familienberatung in der Region Zürich:
  Kostenlose Familienberatung der Sozialen Dienste: stadt-zuerich.ch
  Zentralstelle für Ehe- und Familienberatung: zefzh.ch
  Beratungs- und Informationsstelle für Frauen: bif-frauenberatung.ch

Abschließende Gedanken

„Eltern werden ist nicht schwer, Eltern sein dagegen sehr!“

Das Sprichwort zeigt, dass Elternsein eine echte Herausforderung ist, die Müttern und Vätern eine Menge abverlangt.

Fast alle Eltern erleben ihre Elternschaft als Sprung ins kalte Wasser, denn auf die wichtigste Aufgabe und vielleicht größte Herausforderung ihres Lebens wurden sie nicht vorbereitet. Weder ein Buch noch ein Elterncoaching oder ein Vorbereitungskurs sind dazu in der Lage, werdende Eltern zu 100 Prozent auf das vorzubereiten, was es bedeutet, Eltern zu sein. Mit einem Kind werden auch seine Eltern geboren. Die Eltern machen die Erfahrung, dass sie mit dem Wachstum ihrer Kinder in ihre Elternrolle hineinwachsen, dabei manchmal aber auch an ihre Grenzen kommen.

Eltern sollten sich in Zeiten extremen Stresses bewusst machen, dass Elternsein ein großes Abenteuer ist. Sie übernehmen Verantwortung für ihre Kinder, begleiten sie, sind immer präsent, leiden unter Schlafentzug und finanziellen Belastungen, stellen eigene Bedürfnisse hinten an und kommen dabei oft an ihr Limit.

Kinder sind nur eine Leihgabe auf Zeit und – so anstrengend und herausfordernd es in der Familie in der Rushhour des Lebens auch sein mag – eine Aufgabe und wertvolle Erfahrung, aber keine Selbstaufgabe. Gewinnen Sie mehr Gelassenheit mit folgender Lebensweisheit:

Eure Kinder[54]

Eure Kinder sind nicht eure Kinder.
Sie sind die Söhne und die Töchter der Sehnsucht
des Lebens nach sich selber.
Sie kommen durch euch, aber nicht von euch,
und obwohl sie mit euch sind, gehören sie euch doch nicht.
Ihr dürft ihnen eure Liebe geben,
aber nicht eure Gedanken,
denn sie haben ihre eigenen Gedanken.
ihr dürft ihren Körpern ein Haus geben,
aber nicht ihren Seelen,
denn ihre Seelen wohnen im Haus von morgen,
das ihr nicht besuchen könnt,
nicht einmal in euren Träumen.
Ihr dürft euch bemühen, wie sie zu sein,
aber versucht nicht, sie euch ähnlich zu machen,
denn das Leben läuft nicht rückwärts
noch verweilt es im Gestern.
Ihr seid die Bogen, von denen eure Kinder
als lebende Pfeile ausgeschickt werden.
Der Schütze sieht das Ziel auf dem Pfad der Unendlichkeit,
und er spannt euch mit seiner Macht,
damit seine Pfeile schnell und weit fliegen.
Lasst eure Bogen von der Hand des Schützen auf Freude gerichtet sein,
denn so wie er den Pfeil liebt, der fliegt, so liebt er auch den Bogen, der fest ist.

Quellen

1 Bertram, Hans; Deuflhard, Carolin (2015): Die überforderte Generation. Arbeit und Familie in der Wissensgesellschaft, Leverkusen, Budrich.
2 https://www.sueddeutsche.de/leben/familie-spagat-zwischen-job-und-familie-macht-vielen-eltern-probleme-dpa.urn-newsml-dpa-com-20090101-170508-99-360925, Stand vom 01.07.2023.
3 https://www.rnd.de/wirtschaft/job-und-familie-viele-eltern-haben-probleme-JAM5OQXYITOIVYP7DRLM6LMBNE.html, Stand vom 01.07.2023.
4 https://www.sueddeutsche.de/leben/familie-spagat-zwischen-job-und-familie-macht-vielen-eltern-probleme-dpa.urn-newsml-dpa-com-20090101-170508-99-360925, Stand vom 01.07.2023.
5 https://www.merkur.de/leben/spagat-zwischen-job-und-familie-macht-vielen-eltern-probleme-zr-8279688.html, Stand vom 01.07.2023.
6 https://www.merkur.de/leben/spagat-zwischen-job-und-familie-macht-vielen-eltern-probleme-zr-8279688.html, Stand vom 01.07.2023.
7 https://www.n-tv.de/panorama/Berufstaetige-Eltern-leiden-unter-Zeitmangel-article18313081.html, Stand vom 01.07.2023.
8 https://www.n-tv.de/panorama/Berufstaetige-Eltern-leiden-unter-Zeitmangel-article18313081.html, Stand vom 01.07.2023.
9 https://www.viva-familienservice.de/2022/04/04/wie-kann-man-schichtdienst-und-kinderbetreuung-vereinbaren/, Stand vom 01.07.2023.
10 http://www.demografienetzwerk-frm.de/ressources/2014/02/Karriereperspektiven-berufst%C3%A4tiger-M%C3%BCtter.pdf, Stand vom 01.07.2023.
11 Brost, Marc; Wefing, Heinrich (2015): Geht alles gar nicht. Warum wir Kinder, Liebe und Karriere nicht vereinbaren können, Reinbek, Rowohlt.
12 Hochschild, Arlie; Machung, Anne (1990): Die zweite Schicht, New York, Avon.
13 Garsoffsky, Susanne; Sembach, Britta (2014): Die Alles-ist-möglich-Lüge. Wieso Familie und Beruf nicht zu vereinbaren sind, München, Pantheon.
14 https://career-women.org/studie-beruf-und-familie-karrierebedingungen-karriereerfahrungen-_id2639.html, Stand vom 01.07.2023.
15 https://de.style.yahoo.com/viele-eltern-halten-erziehung-heute-f%C3%BCr-schwieriger-122427078.html, Stand vom 01.07.2023.
16 https://www.welt.de/politik/deutschland/article176300826/Verhaltensauffaellig-Ueberforderte-Eltern-schwierige-Kinder-die-Erziehungsmisere.html, Stand vom 01.07.2023.
17 Haarer, Johanna (1941): Die deutsche Mutter und ihr erstes Kind, München, Berlin, J. F. Lehmanns.
18 https://www.focus.de/familie/eltern/familie-heute/helikopter-eltern-kinder-leiden-unter-ueberfuersorglichen-eltern_id_11267793.html, Stand vom 01.07.2023.
19 Hurrelmann, Klaus (2018): Nicht ohne meine Eltern! In: Die Zeit, 23.11.2018, S. 76.

20 https://www.generation-thinking.de/post/generation-alpha-studie, Stand vom 01.07.2023.
21 https://www.deutschlandfunkkultur.de/kinder-der-generation-alpha-ueberbehuetung-hat-aehnliche-100.html, Stand vom 01.07.2023.
22 Kraus, Josef (2013): Helikopter-Eltern. Schluss mit Förderwahn und Verwöhnung, Reinbek, Rowohlt.
23 Wunsch, Albert (2013): Die Verwöhnungsfalle. Für eine Erziehung zu mehr Eigenverantwortlichkeit, München, Kösel.
24 https://www.stern.de/familie/kinder/exklusive-kinderstudie-des-stern--kinder-wuenschen-sich-eltern--die-sich-konkret-um-die-erziehung-kuemmern-3478002.html, Stand vom 01.07.2023.
25 https://studyflix.de/wirtschaft/pareto-prinzip-3898, Stand vom 01.07.2023.
26 Klüver, Nathalie (2018): Die Kunst, keine perfekte Mutter zu sein. Das Selbsthilfebuch für gerade noch nicht ausgebrannte Mütter, Stuttgart, TRIAS.
27 https://www.zeit.de/gesellschaft/2023-05/alleinerziehende-familie-vaeter-statistisches-bundesamt, Stand vom 01.07.2023.
28 https://www.bmfsfj.de/resource/blob/93554/827dca9de0f0f0c667f1c027310e4977/dossier-alleinerziehende-data, Stand vom 01.07.2023.
29 https://www.derstandard.de/story/2000113008818/kein-wunder-dass-jede-zweite-patchworkfamilie-zerbricht, Stand vom 01.07.2023.
30 https://deutschland.gestlifesurrogacy.com/leihmutterschaft-usa.php, Stand vom 01.07.2023.
31 https://www.sn.at/panorama/kinder/zu-hohe-ansprueche-eltern-machen-sich-viel-stress-selbst-2836486, Stand vom 01.07.2023.
32 https://www.spiegel.de/gesundheit/psychologie/perfektionismus-wenn-der-hohe-selbstanspruch-zur-last-wird-a-1, Stand vom 01.07.2023.
33 https://www.kita.de/wissen/intelligenzminderung/, Stand vom 01.07.2023.
34 Willer, Anke (2019): Geht's dir gut oder hast du Kinder in der Schule? München, Heyne.
35 Horsch, Herbert (2013): Hochbegabt – und trotzdem glücklich: Was Eltern, Kindergarten und Schule tun können, damit die klügsten Kinder nicht die Dummen sind, Freiburg, Oberstebrink.
36 https://www.vbe-bw.de/meldung/expertise-des-vbe-zeigt-verdopplung-der-schueler-mit-foerderschwerpunkt-ese/, Stand vom 01.07.2023.
37 https://www.genetikum.de/de/genetikum/Infothek/infothek_detail.php?oid=224&dtl=adhs+-+das+aufmerksamkeit, Stand vom 01.07.2023.
38 Berlin, Bella (2021): Mein chronisch krankes Kind. Wie ihr die Diagnose verdaut, schwere Zeiten meistert und als Familie stark bleibt, Hannover, Humboldt.
39 https://www.kas.de/de/analysen-und-argumente/detail/-/content/wieviel-mutter-braucht-das-kind-1, Stand vom 01.07.2023.
40 Barbara Streidl (2012): Kann ich gleich zurückrufen? Der alltägliche Wahnsinn einer berufstätigen Mutter, München, Blanvalet.

41 https://rp-online.de/leben/gesundheit/psychologie/burnout/wie-familie-zum-burnout-fuehren-kann_aid-34597447, Stand vom 01.07.2023.
42 https://www.scinexx.de/news/biowissen/gehirn-registriert-seelenpein-wie-echten-schmerz/, Stand vom 01.07.2023.
43 Tschuang-tse (1973): Sinfonie für einen Seevogel und andere Texte des Tschuang-tse, hrsg. v. Thomas Merton, Düsseldorf, Patmos, S. 130.
44 Juul, Jesper (2019): Die kompetente Familie. Neue Wege in der Erziehung, Weinheim, Beltz.
45 https://www.geo.de/wissen/gesundheit/strategien-fuer-den-besseren-umgang-mit-stress-31877060.html, Stand vom 01.07.2023.
46 Watzlawick, Paul (2009): Anleitung zum unglücklich sein, 15. Auflage, München, Piper.
47 https://klinische-hypnose-muenchen.de/methoden/selbsthypnose, Stand vom 01.07.2023.
48 https://speedlearning.academy/allgemein/selbsthypnose-ist-gesund-fuer-die-gesundheit/, Stand vom 01.07.2023.
49 https://de.statista.com/infografik/20250/umfrage-unter-eltern-zum-stress-im-alltag/, Stand vom 01.07.2023.
50 https://www.spektrum.de/lexikon/psychologie/ressourcen/12935, Stand vom 01.07.2023.
51 Schreiber, Kirsten (2021): Familien-Stressmanagement. Ein Hand- und Bilderbuch für den Alltag, Ahrensburg, Tredition.
52 https://www.swr.de/swr2/wissen/psychosomatik-wie-gedanken-und-gefuehle-die-gesundheit-beeinflussen-swr2-wissen-2022-11-24-100.html, Stand vom 01.07.2023.
53 Britta Hahn (2010): Mama, was schreist du so laut? Wut in Gelassenheit verwandeln. Paderborn, Junfermann.
54 Gibran, Khalil (2002): Der Prophet, in: Die Prophetenbücher, München, Goldmann, S. 32.

Stichwortverzeichnis